入門講義 キリスト教と政治

田上雅徳
Masanaru Tanoue

慶應義塾大学出版会

目次

第1部　政治思想テクストとしての旧・新約聖書

第1章　旧約聖書における「共同性」　3

一　共同性というメッセージ　4／二　旧約聖書における「啓示」　4／三　聖書の王制批判　9／四　「契約」が律するもの　14

第2章　新約聖書における「終末意識」　17

一　現世を相対化する「終末意識」　17／二　イスラエルの民におけるメシア　21／三　イエスの言動の政治思想的意味　23／四　初代教会の成立と使徒パウロ　28／五　終末論的日常性を生きる思想　31

第2部　古代地中海世界と教会

第3章　エウセビオス　37

一　宗教共同体としてのキリスト教会　37／二　アレクサンドリア学派と「霊肉二元論」　40／三　ニケーア公会議と三位一体論争　42／四　三位一体とキリスト教神学　44／五　エウセビオスによる

帝政の正当化　47／六　エウセビオス批判と歴史理解　49

第4章　アウグスティヌス　55

一　その生涯　55／二　教会を確立する教父　59／三　時間の客観主義　62／四　政治思想のメタ理論——歴史哲学　66／五　罪の矯正装置としての政治　69／六　政治共同体と終末を目指す信仰共同体　72

第3部　中世教会史と政治

第5章　キリスト教帝国としての中世西欧世界　77

一　教皇ゲラシウス一世の書簡　77／二　ゲラシウス理論の意義　80／三　フランク王国の台頭　83／四「西ローマ帝国の再生」とその意味　86／五　中世皇帝権の確立とその問題　88／六　帝国教会政策の意義と問題　90

第6章　グレゴリウス改革　95

一　問題設定と戦術　95／二　叙任権闘争のはじまり　99／三　叙任権闘争の終結——ヴォルムス協約とシャルトル学派の貢献　101／四　叙任権闘争の内実　103／五　教会と国家の区別　105／六　世俗権力への介入の正当化　106／七　封建制度の再整備へ　107／八「霊の自由」と「教会の自由」　109

第7章　中世盛期　111

一　「ポスト・グレゴリウス改革期」における一二世紀ルネサンス　112／二　フライジングのオットーとシトー派修道会の政治思想　114／三　オットーの両剣論　115／四　オットーの歴史観　117／五「中世の夏」と思想の課題　120／六　トマス・アクィナスの思想、その概観　121／七　トマスの人間観と共同体観　123／八　二つの支配服従関係　126／九　トマスの国家観　127／一〇　トマスの政治思想をどう評価するか　129

第8章　中世後期　133

一　フィリップ四世 対 ボニファティウス八世　134／二　ナショナルなるものの台頭　139／三　アヴィニョン期の教皇と政治　141／四　パドゥアのマルシリウス　144／五　中世の政治思想、その総括　150

第4部　宗教改革と「終末意識」の再生

第9章　ルター　155

一　ドイツの人文主義者とルターの登場　155／二　僧院のルターと『九五カ条の意見書』　157／三　福音主義＝信仰義認説＋聖書主義　160／四　「宗教の非政治化」と「政治の非宗教化」　162／五　ルター

の思想と家父長主義　165／六　律法と福音　168／七　ルターの教会観　169

第10章　カルヴァン　173

一　古典研究から「突然の回心」へ　173／二　初期福音主義神学の問題　176／三　「聖化」から「義認」へ　178／四　「福音」から「律法」へ　180／五　自律的なプロテスタント教会の形成へ　182／六　ユグノー戦争の思想的背景　184／七　「主権」への希求　186／八　宗教改革期における「終末意識」復興とその政治思想的帰結　187

第5部　近現代の教会と国家

第11章　プロテスタンティズムと敬虔主義　193

一　教派の「棲み分け」と教理の体系化　195／二　ドイツ・プロテスタンティズムの歩みと敬虔主義　197／三　シュライエルマッハーと「絶対依存の感情」　202／四　カント哲学とキリスト教　206

第12章　現代ドイツにおける神学と政治　209

一　ナチスに抵抗する神学者、カール・バルト　209／二　「総力戦」と教会への批判　212／三　「バルメン宣言」――ナチス・ドイツへの不服従　216／四　「キリスト論的集中」と後期バルト　219／五　「終末意識」の再構築　221／六　「赤い神学者」と戦後世代　224

第13章　近代アングロ・サクソン世界と宗教共同体　227

一　英国国教会の成立　227／二　ピューリタニズムとイングランドの政治思想　233／三　アメリカの政治文化における「離脱への傾向性」　237／四　「道徳的共同体」としてのアメリカン・コミュニティ　240

第14章　現代アメリカ政治とキリスト教の新潮流　243

一　ニーバーとモラリズムの相対化　244／二　罪をめぐる相対的視点　246／三　ニーバーとベトナム戦争　250／四　アメリカ福音派と終末意識　253／五　福音派の政治的目覚め　256／六　宗教と政治的メッセージ――むすびにかえて　261

主要参考文献　265
あとがき　273
索　引　282

第1部

政治思想テクストとしての旧・新約聖書

欧米の思想史にはヘブライズムが貫かれているといわれるが、その発信源は聖書である。政治思想に対する関心からこの宗教テクストを読み解こうとするとき、そこに含まれる「共同性」と「終末意識」という二つの思想的要因が重要になってくる。前者は、特に旧約聖書の記述において、王政などの一人支配体制を疑問とする意識を培うこととなった。これに対し後者は、ともすれば硬直化しがちな宗教の教説そのものを問い直すと共に、既存の政治秩序を絶対的とは見なさない思考を引き起こす。このように必ずしも個々人の内面の問題に特化することのないメッセージを発する宗教が、人びとに帰依をうながし、巨大な政治体制であるローマ帝国の中で成長していくのである。

第1章　旧約聖書における「共同性」

キリスト教とは聖書を聖典とする宗教である。

そして、正統的とされるキリスト教は「旧約」と「新約」二つの聖書を聖典としてきた。「何をいまさら」と思う向きもあろうが、旧約聖書はユダヤ教の、そして新約聖書はキリスト教の、それぞれ異なる聖典だ、とする理解がまま見受けられるので、最初に念のため断っておきたい。加えて、この注意喚起はこれからの記述にかかわる。

つまり、キリスト教と政治の問題を考えるに際して、本章では旧約聖書を検討することになるが、これは単に、キリスト教の淵源がユダヤ教にあるとする一般論に則っているわけではない。キリスト教の教説はもちろん旧約聖書のメッセージを反映しているが、特に政治という人間の営みを考えるときに重要なのは、新約聖書以上に旧約聖書かもしれないのである。

一 「共同性」というメッセージ

旧約聖書という古代オリエント地方の宗教テクストが政治思想を考える上で重要になってくる。それは何といっても、このテクストが「共同性」という思想的要因を人びとに自覚させるからである。では、「共同性」とは何か。簡単にいえば、聖書の宗教を他ならぬ聖書の宗教たらしめるものであり、人が他者と共に生きていくということを大事にしよう、と訴えるメッセージのことである。

ただし、こういうと次のような疑問が生じるかもしれない。およそ宗教というものは、人間が他者と共に調和をもって暮らしていくことを重んじるものだ。むしろ、ともすれば争いを求めがちな人間に、共生ということの大切さを教え込ませるのが、少なくとも社会学的な観点から見た宗教の機能ではないか。自分以外の他者を殺し尽くせと説いてありがたがられた宗教は、まずお目にかかれない。だとすれば、「共同性」ということを聖書の宗教の特徴的なメッセージとして、ことさら取り上げる必要はないのではないか。

こう答えよう。私たちが検討しようとしている旧約聖書は、その「共同性」の発信のされ方、そして発信の帰結において、やはり興味深い特徴がある。論点を二つに絞って、説明を加えていこう。

二 旧約聖書における「啓示」

確かに「共同性」を必要不可欠な教説とする宗教は他にも存在する。しかし聖書の宗教は、メッセージの内容以上に、そのメッセージを誰が発しているのかを問題にしている。

では、聖書の宗教において「共同性」にかかわるメッセージを発信しているのは誰か。いうまでもなく神である。つまり、旧約聖書がもともと書かれた言語、すなわちヘブライ語では、ヤハウェ（Yahweh）と呼ばれ、日本語の聖書では「主」と表記される神である。しかも、この神はよく知られているように、聖書の宗教においては絶対的な神とされる。典型的な一神教が聖書から生まれた、といわれるとおりである。そして、その絶対的な神が、人間は他者と共に生きるべきだと教えている。人と神とが、そして人と人とが共存することを大切にせよと命じている。このことが聖書の宗教にとっては大事なのである。

けれども、ここで問題が生じる。そういうメッセージを発信してやまない神を、人間はどうやって知覚できるのか。絶対的な神のメッセージを、能力に限界ある人間はどうして知ることができるのだろうか。

このように、絶対的な神とそのメッセージの人間の側における受け止められ方という問題が一神教にはつきものだが、それに対して、聖書の宗教を信じる人びとは「啓示」ということを意識するようになる。そしてここでの意識が「共同性」それ自体に一つの特徴を与えることになるのである。

ある国語辞典では啓示を「人間の力では知ることのできない宗教的真理を、神が神自身または天使など超自然的存在を介して人間へ伝達すること」（『大辞泉』）と定義している。つまり、人間の理性で本来フォローしきれないはずの、神という絶対的な存在やそのメッセージを、神自らが人間に示すということである。神が唯一でしかも絶対的とされる宗教で必ずといってよいほど要請されるのが啓示なのである。

しかも聖書で見られる啓示がユニークなのは、次の点にある。すなわち、人間理性の及ばないはずのものが、誰にでもわかる言葉をもって、あるいは誰の目にも見て取れる出来事を通じて、人間に示される、という点である。

旧約聖書「出エジプト記」をひもといてみよう。世界にあまた存在する民族の中から神ヤハウェは、それを通じて人間の救済を証《あか》しするものとして、イスラエルの民を一方的に選んだ。だが、その民はエジプトの地で奴隷とされていたため、神はモーセという指導者を立てて「乳と蜜の流れる地」と表現されるパレスチナ地方に向けての民族大移動を敢行させる。エジプト王ファラオはそれを黙認するはずもなく、イスラエルの民をエジプトから脱出させまいと追撃軍を送る。東進する民の前にはアフリカ大陸とアラビア半島を隔てる紅海ともいわれる海が広がり、背後からはエジプトの戦車部隊が迫ってくる。しかしこの絶体絶命のピンチに際して神は、海を二つに分けることで対岸まで民を歩いて渡らせ、後を追ってきたエジプト軍を水に沈める、という奇跡を起こす。この出エジプトの経験は、以降「エジプトの軍事力を凌駕する軍神・抑圧に苦しむ奴隷を解放する神・人間の支配から解放し自由を与える神」(山我哲雄『聖書時代史　旧約編』、二〇〇三年、三三―三四頁)のイメージを想起させることで、イスラエルの民そのもののアイデンティティを形成していくことになるのである。

しかも「出エジプト記」は奇跡の直後に、ミリアムという女性預言者の導きのもと、女性たちが「主は大いなる威光を現し、馬と乗り手を海に投げ込まれた」と喜び祝う様子を描いている。パレスチナもそこに含まれる当時の地中海世界では、女性は往々にして一人前の人間と見なされなかった。けれども旧約聖書の中で私たちは何度となく、神のなした業《わざ》とその意味を女性たちが人びとに説くシーンを目撃することになるのである。

このように、旧約聖書において神ヤハウェは、海を渡る奇跡など印象的な出来事を通じて、その救済意思を人びとに開示する。また、判断能力を持っていないと目されていた人びとによる出来事の解釈を認めさえする。ここに古代イスラエルの啓示観の特徴が浮かび上がってくるわけだが、この文脈で西欧精神史の把握の仕方にかかわる概念に触れておくのも無意味ではないだろう。「ヘブライズム」と「ヘレニズム」という、二つの概念である。

考えてみれば、ゼパニヤなど旧約聖書に出てくる預言者の中には、ギリシアの植民地ミレトス人で活躍し、アリストテレス（Aristoteles：ＢＣ三八四－ＢＣ三二二）によって哲学の創始者と位置づけられたタレス（Thales：ＢＣ六二四？－ＢＣ五四八？）などとほぼ同時期に活躍している者がいる。また、フェニキア人らの通商活動によって、古代地中海世界には活発な地域交流があったことは周知のところである。文化の伝搬もまったくなかったと考える方がむずかしい。したがって、古代イスラエルに由来する「ヘブライズム」と古代ギリシアに由来する「ヘレニズム」とが純粋な形で存在し、それぞれが相手に対して異なる文化のあり方を示していたとは考えにくい。

それでも同時に思うのは、古代イスラエルの思考法と古代ギリシアのそれを各々根本で規定するものが存在するのではないか、ということであり、それはまさに前の説明にかかわってくる。つまり、前者が具体性を志向するのに対し、後者は抽象性を志向するということである。

たとえば同じ自然界に生じる出来事を目撃するにしても、それの処理の仕方がイスラエルとギリシアでは違う。後者は、そこから法則を導き出す。また本質をつかみ取ろうとする。変化するということから距離を取ることが、人間のあるべき姿だといわんばかりである。これに対し前者は、変化を変化として受けとめ、そこにその都度開示される神の意思を新たに読み取ろうとする。なるほど、かつて民に対してなされた神の働きかけを大事にして、それを子々孫々に語り伝えることを、古代イスラエルも重んじる。しかしそれも、労多き日常や悲惨な現実を打破する神の働きを思い起こすためだといってよい。そこには、両民族が古代史において経験したことも関係しているのだろう。東地中海において繁栄を誇る一大文明を築いたギリシアと、古代オリエントの列強に蹂躙されることの多かったイスラエルとの相違である。いずれにせよ、後にヨーロッパ精神史の支柱となる異なる経験と思考法とを確認することは、過度の単純化を避けるならば、私たちの理解の役に立つはずである。

さて、精神史の理解の仕方という横道に少し入ったが、改めていままで述べてきたことを政治にかかわる論点に引き戻し、軌道修正を図ってみよう。

聖書の宗教における啓示、それは、特定の誰かを神がかり的な人間に仕立て上げる類いのものではなかった。啓示に突き動かされた単独者というのではなく、啓示を重んじる人間集団を形成しようとするのが、聖書の想定する啓示なのである。あるときある場所で、神がかった個人が出現する。その人にはカリスマが感じられ、人びとが彼ないし彼女のもとに集まっていく。そういうことであれば、様々な宗教にほぼ共通に見られる。けれども聖書の宗教においては、そういうカリスマを帯びた単独者よりも、カリスマやインスピレーションを分かち合おうとする、複数の人びとからなる共同体を形成する方向に意識は向かうのである。

もちろん、今日であれば「スピリチュアリティ」と呼ばれるような個々人の宗教性が軽視されるわけではない。旧約聖書に出てくる預言者と呼ばれる人たちは、個人レベルでの信仰が同時代にあって真摯さを欠いている、と人びとに指摘して回った。しかしこの宗教では、個々人の宗教性といったことよりも、集団の宗教性が重んじられる。特定の人におうかがいを立てなくても神の意思は理解可能だ、という前提がここにはあるからである。特定の誰かではなく、あなたも私も経験した神の働きを共に誉《ほ》め称《たた》えようと、ここでの啓示の見方は人びとをいざなう。

このように、啓示をめぐる宗教意識の出発点からして「共同性」が、この宗教では重んじられた。そしてこのことは、次に述べるような政治思想的帰結を導き出すことになる。

三　聖書の王制批判

あらかじめ述べるなら、啓示の理解においてすでに「共同性」を重んじる旧約聖書のメッセージには、現世における「単独者」すなわち一人支配を行う王という政治権力者に対する否定的評価が、刻印されることになった。

容易に想像できるように、ここには、自分一人で自給自足できるのは神だけだ、という唯一神理解が関係している。しかしそれだけではない。これまでの説明からも次のようなことが指摘できるはずである。つまり、神ヤハウェを信じる民が形成する人間集団の中では、それが宗教的なものであれ政治的なものであれ、他ならぬ神自身の意思にもとづいた秩序がなくてはならない。ところが前節で確認したように、神の意思がここでは誰にでもアクセス可能とされている。それゆえ、特定の誰かが神の意思を体得したと称し、そしてそれにもとづいて権力を行使し秩序形成を果たしていくことも、この宗教では原理原則レベルで否定的に捉えられがちになるのである。

例を挙げよう。旧約聖書の歴史書によれば、モーセに率いられて首尾よくエジプト脱出を果たした古代イスラエルの民は、パレスチナの地でそれまでの政治体制を改変することになる。彼ら彼女らは当初、部族連合というユニットを形成していた。つまり、「創世記」や「出エジプト記」などの記すところでは、父祖ヤコブの息子たちに由来する一二の部族はエジプト脱出後、ヤハウェ神を共に奉じることで結びつく、ゆるやかな連合体を作っていたのである。

ところが、このイスラエルの民は自分たちが足を踏み入れた地で、他の諸民族が強力な軍隊を組織して自分たちを包囲している現実を思い知らされる。安全保障上のピンチに直面したのである。そこで、各部族を代表する「長老」と呼ばれる賢人たちは話し合い、他の民族と同様、イスラエルの民も中央集権化を行うことが必要だ、という認識で一致する。部族をまたぐ軍事指導者としての国王を立てることがその具体的な方策で、長老たちはこのアイディアを、部族連合に対して当時影響力を持っていた預言者サムエルに打診する。以下、「サムエル記 上」第八章の記述である。

主はサムエルに言われた。「民があなたに言うままに、彼らの声に従うがよい。彼らが退けたのはあなたではない。彼らの上にわたしが王として君臨することを退けているのだ。〔中略〕ただし、彼らにはっきり警告し、彼らの上に君臨する王の権能を教えておきなさい。」サムエルは王を要求する民に、主の言葉をことごとく伝えた。彼はこう告げた。「あなたたちの上に君臨する王の権能は次のとおりである。まず、あなたたちの息子を徴用する。それは、戦車兵や騎兵にして王の戦車の前を走らせ、千人隊の長、五十人隊の長として任命し、王のための耕作や刈り入れに従事させ、あるいは武器や戦車の用具を造らせるためである。また、あなたたちの娘を徴用し、香料作り、料理女、パン焼き女にする。また、あなたたちの最上の畑、ぶどう畑、オリーブ畑を没収し、家臣に分け与える。〔中略〕こうして、あなたたちは王の奴隷となる。その日あなたたちは、自分が選んだ王のゆえに、泣き叫ぶ。しかし、主はその日、あなたたちに答えてはくださらない。」民はサムエルの声に聞き従おうとはせず、言い張った。「いいえ。我々にはどうしても王が必要なのです。我々もまた、他のすべての国民と同じようになり、王が裁きを行い、王が陣頭に立って進み、我々の戦いをたたかうのです。」

かくして、パレスチナの地にイスラエルの民による王国が築かれることとなる。考古学の知見によれば、紀元前一〇〇六年から同五八七年までのことである。南北朝による王国の分裂や異民族の侵入など、悲劇的なエピソードが強調されるため忘れられがちだが、この地で王国が存続した期間としては決して短くはない（アッシリアや新バビロニアよりも長い）。

にもかかわらず、ここで注意を促したいのは、王制がそもそもヤハウェを奉じる宗教と齟齬をきたす、という旧約聖書の認識である。先の「サムエル記 上」の記事を読む者は、王という政治権力者に対して下す神の評価が著しく低いことに驚きさえ覚えるかもしれない。そこでは王が、民の自由を奪う者だと決めつけられているからである。かくして聖書の宗教は、「一人の権力者と彼に従うそれ以外の人びと」によって構成される共同体に対する否定的な見解を語り伝えていく。

また、民の要望に押される形で王国が形成されたが、すると神はそこに、ダビデやソロモンといった王をあてがった。いずれも名君の誉《ほま》れ高い王である。しかし、そういうときであっても、王制に対する聖書の記述は何か冷めている。

たとえばダビデ物語において聖書記者は、この名君を神の前に徹底的にへりくだらせている。ダビデはいう、「神なる主よ、何故わたしを、わたしの家などを、ここまでお導きくださったのですか。神よ、御目には、それもまた小さな事にすぎません」（「歴代誌上」第一七章一六－一七節）。ともすれば、その単独支配に際しての絶対的な権能が認められ、しかもその様子が宗教的な言葉で飾られるのが王という存在である。だが、そうした権力者も所詮は神の前に相対化される、という言説は聖書から消えることはなかった。

この点にかかわるもう一つの例を挙げておこう。紹介するのは預言者ホセアである。彼の生きた紀元前八世紀の半ば、イスラエルの民は南北朝を経験していたが、ホセアその人は北イスラエル王国を活躍の舞台にしている。この時代、近隣諸国の力が一時的に弱まり、王権が中央から効果的な経済政策を指導したこともあって、北王国は経済的繁栄を経験した。しかし、そのことの裏面は貧富の格差の増大である。都市貴族と貧しい人びとの間には深い溝ができ、民の一体性は崩壊する。しかも、王朝の継承は流血を伴いがちであった。

こうした現実を目の当たりにしたホセアにとって、王制は現世的な安心感を促進し、神を忘れさせる装置として認識される。「ホセア書」第一三章の言葉に聞いてみよう。

わたしこそあなたの神、主。
エジプトの地からあなたを導き上った。
わたしのほかに、神を認めてはならない。

わたしのほかに、救いうる者はいない。
荒れ野で、乾ききった地で
わたしはあなたを顧みた。
養われて、彼らは腹を満たし
満ち足りると、高慢になり
ついには、わたしを忘れた。
〔中略〕
どこにいるのか、お前の王は
どこの町でも、お前を救うはずの者
お前を治める者らは。
「王や高官をわたしにください」と
お前は言ったではないか。
怒りをもって、わたしは王を与えた。
憤りをもって、これを奪う。

考えてみると、主権者とされた人間が自身の便宜を図って行うのが立法だ、という考え方に私たちは慣れ親しんでいる。これに対して聖書は、ルールとそれへの服従を政治権力者に対して憚《はばか》ることなく要求しているのである。これは、主権が君主ではなく、私たち「人民」「国民」に存する、と想定されている今日にあっても考えてみるべき問題かもしれない。

ただし、本章ではそこまで話を展開することはせず、聖書の王制批判が、近隣オリエント諸国の実態と対照をなしている点を指摘するにとどめよう。古代オリエント諸国では、宗教の中心的役割は君主の支配権そのものの正当化ないしは神聖化にあったからである。

四 「契約」が律するもの

ところで、注意深い読者は気づいていたかもしれないが、本章ではこれまで私たちが問題にしている聖書の宗教を奉じる人びとに「民族（nation）」という言葉をあてないよう努めてきた。もちろん日本語の表記として違和感が強くなるときはこの限りでないが、それが多分にモダンなニュアンスを感じさせるからである。つまり、「民族」という語は今日、政治的な意味合いを強く帯びるものになってしまった。もちろん、政治性のない民族を想定するのは無理だし、これから触れる古代イスラエルの民も確かに政治的なユニットである。人間集団が政治的であるのは、決して良い悪いの問題ではない。

けれども、あの民に特徴的なのは、共にヤハウェという神を仰ぎ礼拝しようとする祭儀共同体として諸部族連合が成立していたことである。つまり宗教的な動機で生まれたのが古代イスラエルの民なのであり、事実そういう仕方で民が形成されたらしいことは、かなり高い確率で考古学的にも認められている。少なくとも旧約の聖書記者たちが自分たちの民に言及するとき、そこでの第一義的な関心は、「同じヤハウェ神を礼拝しようとするそのことが、自分たちを自分たちたらしめているのだ」という点に向けられているのである。

このように、古代イスラエルの民は、神礼拝というそれ自体あまり政治的ではない動機から生まれた。

だが、民としてのイスラエルを読み解くのに重要で、しかも話を複雑にするのは、この礼拝共同体は、極めて政治的な媒介で結びついていたことである。すなわち「契約（羅 foedus、独 Vertrag、英 covenant）」である。礼拝を通じて形成される、ヤハウェと民との関係にとって大切なのは、それが契約関係だった、ということにある。

さて、およそ宗教と呼ばれるものの多くは祭儀を持ち、礼拝行為を重んじるものである。聖書の宗教も例外ではない。けれども古代イスラエルの民が礼拝共同体というとき、それは、特定の神をお祭りして終わる単なる祭儀集団ではなかったのである。同じ神輿《みこし》を担いで熱狂し、そこで、ハレとケでいうハレの気持ちを人びとに提供するのは、宗教の大事な社会的機能である。聖書の宗教もそれは軽視しない。だが、それだけにはとどまらない。契約という非陶酔的な媒介が意識されているからである。

ここでいう契約とは、神と民との約束の取り交わし、である。神の側は、民族繁栄という祝福を差し出す。人間の側は、宗教的・社会倫理的な義務の遂行を通じたヤハウェに対する忠誠心を示す。このときヤハウェいうところの「わたしはあなたがたの神となり、あなたがたはわたしの民となる」という言葉が実現するのである。

このように、特定の媒介が超越者と人間との間に存在しているのが聖書の宗教の特徴だが、私たちにとって重要なのは、この契約が人間の対神関係だけでなく対人関係をも律している点である。古代イスラエルの民が神と締結した契約を典型的に表現しているのは「十戒」だとされる。数え方には立場によって相違があるが、出エジプトに際して神が自ら石の板に書き込んでモーセに与えた一〇の戒めである。そしてそこでは、「あなたには、わたしをおいてほかに神があってはならない」「あなたの神、主の名をみだりに唱えてはならない」「安息日を心に留め、これを聖別せよ」といった対神関係にかかわる規定の後に、「殺してはならない」「姦淫してはならない」「盗んではならない」などの対人関係にかかわる規定がただちに続く。つまり古代イスラエルの民は、神ヤハウェに対する服従を約束したまさにそのとき、自分たちが対神関係だけでなく、対人関係をも真摯に律していくことを誓っていたのである。

ここでの論点をまとめると次のようにいえようか。聖書の示すところ、古代においてイスラエルの民は、共通の神に対する礼拝を目的に形成された。つまり、非政治的な核を中心にして成り立ったのが、この「民族」だったのである。ただし、ここでいう礼拝は、宗教的恍惚感や熱狂とはおよそ対極にある契約を重んじ、当の契約の内容は、極めて日常的な生活を秩序づける内容を伴っていた。こうした知見はその後、欧米における共同体に対する見方の一つを提供していくことになる。つまり、共同体の形成は、なにも政治的な事由にもとづかなくてもよい、宗教的な動機すなわち神に対する忠誠心の現れとしても日常生活を秩序づけるユニットは作成可能だ、との見方である。

こうして私たちは、聖書にあった「共同性」が、王制批判そして非政治的な共同体が存立することの正当性という、政治思想的に重要な課題を提示していくことを知るのである。

第2章　新約聖書における「終末意識」

キリスト教が聖典とする旧約聖書の中から、前章では「共同性」に注目し、それがいかなる政治思想的な帰結をもたらすものなのか、考えてみた。本章では特に新約聖書を取り上げ、このテクストに含まれると共に、そこから政治思想が生み出されていく思想的要因を検討してみよう。

ただし新約聖書の内容を深く知るためにも、また本章で扱うトピックが旧約聖書の伝統と決して無縁でないことを確認するためにも、私たちはもうしばらく前章からの流れを意識しなくてはならない。

一　現世を相対化する「終末意識」

旧約聖書の中に確認でき、しかも政治的にも重要な意味を持つもう一つの思想的要因が「終末意識（終末論）」である。さしあたっては読んで字のごとく、私たちの生きる現世がいつか終わりを迎えることに対する感覚であり思考だ、としておく。ただし今日、この「終末意識」はアニメーションなどポップカルチャーのモチーフになってしまい、聖書が示すそれの特徴はかえってつかみにくくなっている。そこで本章ではまず、この概念について少し丁寧な説明を行っておく。

ひと口に「終末意識」「終末論」というが、旧約聖書の中でそれは少なくとも三つの理論的な柱から成り立っている。関根清三の所説に従って、解説を試みよう。

第一の理論的な柱は「神ヤハウェの直接的な歴史介入と救済行為」である。現世は終焉を迎えるのだが、それは、正義の神がある日あるときこの世に現れて悪を滅ぼし、当の悪によって苦しめられてきた人びとを救い出すことを伴っている、という教説がこれである。

さて、ここでは正義の神が自ら、それまで悪に立ち向かいえなかった人びとの救済を敢行する、と語られている。だが、この非常に宗教的な言説が、ヨーロッパも近代になると、厳しい批判にさらされたことは周知のとおりであろう。その代表はいうまでもなくニーチェ（Friedrich Nietzsche：一八四四－一九〇〇）である。『権力への意志』などにおいて、彼は私たちがいま扱っている言説を、虐げられた者たちが強者たちに向けるルサンチマン（怨恨）意識の現れだ、と喝破した。

ニーチェの問題意識には正しい評価が与えられなくてはならない。しかし、やはりここで思いを向けたいのは、古代イスラエルの民の経験である。神ヤハウェは自分たちに祝福を約束した。にもかかわらず、その神をないがしろにするアッシリアやバビロニアなどの他民族や列強によって、民の運命は何度となく翻弄され続ける。こういう悲惨な歴史は終わるはずだ、否、神の約束に照らし合わせても終わらなくてはならないはずだ。イスラエルにおけるこうした思いの切実さは、他の民族がおよそ想像できないレベルにあったのである。

何より、世界の終わりそれ自体を語る思想であれば、他にも存在する。たとえば作曲家リヒャルト・ワーグナー（Richard Wagner：一八一三－一八八三）の楽劇にインスピレーションを与えたように、古代ゲルマンの神話にも世界終焉の物語はある。しかし旧約聖書は有限な現世の悲劇性や儚《はかな》さに主たる関心を向けているのではない。そうではなく、世界の終わりに際しての正義の勝利と虐げられてきた者たちの解放に光が当てられている。つまり、聖書の宗教の終末論は希望の教説なのである。言葉にすると平凡であるが、私たちはそのことを忘れてはなるまい。

第二の理論的な柱、それは「黙示思想」である。歴史の終わりの時期や具体的なありさまに関心を向けて、それを物語的に叙述しようとする教説がこれにあたる。

こうした思想が「終末意識」を成り立たせていることの意味だが、これがあるために聖書では、イスラエルの民の敵が滅ぼされていく様子が、必要以上にと思われるほどサディスティックに描写されることとなった。滅びるべき者たちは、ただ滅びるだけである。

こうした内容に鑑《かんが》みて、特に近代のヒューマニスティックな神学において黙示思想は長らく評判がよくなかったのだが、これが持つポジティブな意義を見直す動きがあるのも確かである。現世は終わるし永遠ではない。こうした言説は、「過ぎゆくものにあまり関わりあうな」という精神論に往々にして還元されがちである。これに対し、現代人の目からすれば素朴にすぎるかもしれないが、現世の終わり方を目に見えるように具体的に示すことによって、黙示思想は終末というもののリアリティを人びとに感じ取らせることとなる。いわば終末の抽象化にブレーキをかけてきたのであって、だからこそ、聖書の宗教における「終末意識」は長い間人びとの心の中に根づいてきたともいえる。

さて、第三の理論的な柱としては「メシア論」を指摘しておこう。

メシアとは、旧約聖書の原語であるヘブライ語の「マーシーアハ」に由来する。もともとは「油を降り注がれた者」という意味の言葉である。ちなみに「油を注ぐ」という意味を持つ動詞が、ヘブライ語と同じく古代地中海世界に生まれた言語であるラテン語にも存在する。それは「クリストー」である。そしてこれがまた、受動的なニュアンス（「油を注がれた」）を持つ過去分詞になると「クリストゥス」となる。

それはともかく、私たちにとっては「油を注ぐ」という動作が独立した一つの単語になっていること自体、何か異様な感じがする。けれども、古代地中海世界には、国王や預言者そして祭司といった特別な地位への任職に際して、候補者に頭からオリーブオイルを注ぐ儀式があった。そして、特に国王が「油を注がれた者／メシア／クリストゥス」だったことから転じて、古代イスラエルの民の間では、歴史の終わりにはこの上なくすばらしい支配統治を行う為政者、すなわち「救世主」が登場すると信じられるようになり、それが旧約聖書の「終末意識」を支える一つの柱になったのである。

このトピックの意義を考えると、それが消極的には、先にも触れたルサンチマン意識を持続させるものであることを指摘できよう。およそ理想的とはいえない統治に直面し、しかもそれを自分たちの力で打破できないからこそ、輝かしい未来についてのビジョンは、痛々しいまでに、より明確になっていく。しかし、これが持つポジティブな思想的作用も存在する。本章が特に扱おうとしている新約聖書でそのことが明らかになるはずだが、ここでは、旧約聖書に見られる「終末意識」を整理することで、その政治思想的な意義にかかわる示唆を行っておく。

問題となっている終末時において、神は悪を体現する者たちに対して直接鉄槌を下す、とされた。ところで、その鉄槌が下る対象として、人びとは容易に、自身とその同胞を苦しめる既存の政治権力者を思い描くであろう。そして人びとは、リアルに滅ぼされる悪しき政治権力者や政府にとって代わる、新しい理想の為政者のイメージを共有していく。

このように、神の歴史介入・黙示思想・メシア論によって構成される「終末意識」は、既存の政治権力者や政府を否定的に捉え、これを克服しようとする動機を、往々にして強化する。「終末意識」に導かれて、キリスト教世界では歴史上何度となく、一揆や革命運動がなされてきたわけだが、その意味ではこの思想的要因は、多分に政治的現状に対する批判の原理として働くものだといえよう。

二　イスラエルの民におけるメシア

前節で、旧約聖書の「終末意識」が、正義の勝利と悪の滅びを人びとに自覚させる役割を担っていることを指摘した。

けれども、この時点ですでに次のことを考えている人もいるかもしれない。つまり、「終末意識」と「共同性」との整合性の問題である。「終末意識」も結構だが、旧約聖書は同時に、人と人とが共に生きることを尊びなさい、と教えてきたのではなかったか。その場合、たとえば「悪」と見なされた人との共生はどうなるのであろうか。彼ら彼女ら悪人には「共同性」という理念は適用されず、結果として、確かに自業自得かもしれないが、悪人が滅びていく様子に対して自分たちは高みの見物を決め込む。そういう独善的な考え方を「終末意識」は導き出すのではないか。

実際、「終末意識」を過度に強調する宗教には鼻持ちならない独善性が往々にしてつきまとう。何より、ユダヤ教とそれを継承したキリスト教がそうした病理とはまったく無縁だ、とはお世辞にもいえない。だが、ここで重要なのは、平板な勧善懲悪論に帰着しがちな「終末意識」がそれでも「共同性」との関係を保とうとする中で、旧約聖書の、より正確には旧約聖書後期のメシア論が新たな意味内容を獲得するようになった、ということである。それはどういうことか。

確かにヤハウェの正義は貫徹されて、悪は滅ぼされるべきだ。しかしそのときであっても、「共同性」は消えてなくなったわけではない。そもそも、神の正義は貫かれるべしと語っている当の自分たち自身が、それによって滅ぼされる悪とは無関係だと果たしていい切れるのだろうか。こう考えてきて、古代イスラエルの民の間では、次のような反省が芽生えてきた。つまり、歴史の中で神は何度となく自分たちの悪を裁きつつ、それでもそんな自分たちを滅ぼし尽くすことはしなかった。むしろ、自分たちと共に生きようとしてきたのがヤハウェではなかったか。

そうした反省は南北朝末期、アッシリアによる北イスラエル王国の滅亡（BC七二二）や新バビロニアによる南ユダ王国の滅亡と「バビロン捕囚」（BC五九七）など、民を襲った歴史的悲劇を経験する中で切実さを増していく。そして、この歴史に翻弄される民は次のような自覚に到達するようになった。

終末時になされる悪の裁きに際しても、「共同性」は残る。このとき、そこで必要とされるのは、悪を悪としていささかも割り引くことなくこれを認めつつ、しかも、その悪とそれに対する裁きをわが身に引き受けることである。すなわち、神の正義と人間の罪との取りなしということだが、それを行う者こそが、つまり正義を犠牲にすることなく悪との共生をも実現するような者こそが、世界の真の統治者とされるべきではないのか。それこそメシアではないのか。

メシア、すなわち救世主は強力な権力を振りかざすのではない。彼は終末における神の裁きを司《つかさど》る。しかし、その際にも旧約聖書の重要な思想的要因である「共同性」を彼が見失うことはない。悪や罪を裁くにしても、滅ぼされるべき悪や罪を自ら背負いさえし、そうすることで、ひとたびは悪や罪によって混乱させられた神と人との、そして人と人との正しい関係をメシアは構築するはずだ。

こういう意識がイスラエルの民に刻印されて何百年という時間が経過する。時代は紀元三〇年前後に移る。イエスという大工が青年期を送っていた時代である。

三　イエスの言動の政治思想的意味

イエスが登場する前夜、パレスチナの地では二つの運動が盛んになっていた。

一つは「政治的メシア主義」ともいうべき運動である。先にも見たとおり、旧約聖書のメシア論では、超越的でほとんど現実離れした救世主のビジョンが人びとに示されていた。しかし、長きにわたる異民族による支配を被る中で、この頃イスラエルの民の間では、何も超越的でなくてもよい、当時の圧制者であるローマから民族の独立を果たしてくれる、そのような救世主への待望が高まっていたのである。

こういう政治的メシアの登場に備えようとする政治結社も作られていた。民族の独立を狂信的に願ってやまないグループ、その名も「熱心党（ゼーロータイ）」がその代表格である。イエス自身の弟子の中にも、この結社に属する者がいた。

こうした背景を考えるなら、イエスという人が当時、民衆レベルでの過激な政治的願望をひしひしと感じつつ、それと対決したりそれに翻弄されながら、自身の宗教運動を展開せざるを得なかったことが理解できよう。事実、イエスが処刑されたのは、政治的反乱をローマ帝国に対して企てたかどによるものだった。

その一方で当時のパレスチナには、人間の内面に特化した運動を展開するグループも存在した。彼らは民族の苦難であっても、それを素朴な黙示思想に結びつけて解釈する。この苦難はもうすぐ終わる、つまり終末が到来する。それは間違いのないことである。だが問題は、終末に備えて何をすべきかだ。それは、個々人の真摯な悔い改めである。

こう人びとに呼びかけて回る宗教運動の代表が、洗礼者ヨハネのグループである。このヨハネはヨルダン川近辺を本拠地とし、人びとにショックを与えたであろう次のような説教を行っていた。

ヨハネは、洗礼を授けてもらおうとして出て来た群衆に言った。「蝮《まむし》の子らよ、差し迫った神の怒りを免れると、だれが教えたのか。悔い改めにふさわしい実を結べ。〔中略〕斧は既に木の根元に置かれている。良い実を結ばない木はみな、切り倒されて火に投げ込まれる。」

（『ルカによる福音書』第三章七〜九節）

そして、このメッセージに呼応した人びとに対して、彼は悔い改めの印として洗礼を執行していた。心の清めを、川の水で体を洗い流すというシンボリックな行動で示したのである。そのヨハネのグループに、当初イエスも加わっていた。つまりイエスには、ヨハネの「終末意識」に由来する実存的な個人主義というべきものが流れ込んでいたのである。しかし、その個人主義にしてもイエスの場合、社会に対する意識を欠くものではなかった。むしろ、政治性を帯びるそれがイエスの思想を特徴づけているのであり、だからこそ彼の存在は当時の権力者に危険視されたのである。

こうした事情を、イエスの中心的なメッセージから確認しておく。ヨハネのグループが権力者による弾圧のために弱体化すると、イエスは自身の伝道活動にいよいよ乗り出す。そしてそのとき語られた言葉を多くの聖書学者はイエスの思想のエッセンスと見なしている。

ヨハネが捕らえられた後、イエスはガリラヤへ行き、神の福音を宣べ伝えて、「時は満ち、神の国は近づいた。悔い改めて福音を信じなさい」と言われた。

（「マルコによる福音書」第一章一四～一五節）

ここでいう「福音」とは、人びとの救済にかかわる「よき知らせ（グッドニュース）」のことであり、それを体現しているのがイエスその人だとキリスト教徒は信じているが、この短いメッセージにはすでに興味深い論点が含まれている。

まず「時は満ち」とイエスがいうとき、「時」にはギリシア語のカイロス（kairos）が用いられている。これは「時点」としての時を指す言葉で、同じギリシア語のクロノス（chronos）が「時間」としての時を表現するのとは対照的である。

そしてこのことの意義だが、ここでのイエスの言葉を次のように置き換えると理解しやすくなるのではないか。つまり、救済にかかわる神の約束は、長い年月を通じて徐々に実現してきたのでは必ずしもない。そうではなく、わたくしイエスの登場をもって、それは「すでに」決定的となり早晩大団円を迎えることになるのだ、と。イエスは、当時の実存的な「終末意識」をユニークな仕方で改変したのである。

その上でイエスは語る、神の国は近づいた、と。私たちの関心は当然「国」という言葉に向かうが、ここで用いられているギリシア語はバシレイア（basileia）である。この語は機能的に捉えることが可能で、その場合だと「神の支配」「神の王的職務」と訳せるのだそうである。実際、一時期そうした訳語の採用が流行したこともあった。けれども、それだと主観的なニュアンスが前面に出すぎるかもしれない。政治学でいう「関係概念としての権力」論にもつながるが、「権力」にしても「支配」や「職務」といった機能にしても、それらはそれらを重んじない人の前では無意味である。裸で行進する王は、大人にとっては畏敬すべき権力者かもしれないが、子供にとっては嘲笑の対象でしかない。そこで近年では、「国」という語の持つ客観的かつ空間的ニュアンスをやはり大事にしよう、との揺り戻しが生じているとのことである。結果として、「神の王国」という訳語が提案されているが、一考に値するといえよう。少し横道に入ったが、ここでいいたかったのは、切迫感を伴ってイエスが思い描いていた「神のバシレイア」とは客観的なものだった、という点である。それは主観的に思い描かれる単なる理念などでは決してなかった。

このように、帝政期に入ったばかりのローマの辺境に登場した若き一人の大工は、神の国の決定的な到来を感知し、それを人びとに説いて回った。よき知らせとして、である。なぜグッドニュースなのか。そこには、「神の国」を治める当の神をイエスがどう理解していたのかが関係してくる。

イエスは、旧約聖書に伝統的だった神の見方を大きく修正した。「マルコによる福音書」第一四章は、いわゆる最後の晩餐の席上、イエスが神を「アッバ（abba）」と呼ぶ姿を報じている。アッバ、つまり小さな子供がうまく回らない舌で父親を呼ぶときの言葉である。日本語でいう「父ちゃん」ということになろうか。

つまりイエスにとって神とは、親しく呼びかけることの許される父親だったのである。そういう神は何をするのか。善人にも悪人にも、宗教的に聖なる者にも俗なる者にも、そして異教徒異民族にも、それらを分け隔てている「垣根」や「境界線」を越えて親しく接し、そして彼ら彼女らを等しく慈《いつく》しむのである。イエスは神の国という言葉を用いながら、そうした父親としての神の支配が決定的に到来したのだ、と人びとに諭《さと》す。だから彼によれば、人は自分の価値や社会的ポジションをうじうじと見積もって、神に愛されているかどうかを考慮しなくてもよい。自分自身に対しては子供のような「明るい無関心」だけが求められているのである。

では、このような天真爛漫な宗教思想は、人びとの政治の見方にどのような影響を与えるのだろうか。先ほど、イエスの福音は「垣根」ないし「境界線」を越えようとするメッセージだ、と述べた。人間の行う線引きは、アッバとしての神の視点からすれば無意味なのである。人びとがまとまって秩序ある集団を作り上げようとするとき、「私たち」と「彼ら彼女ら」を分かつ境界線はどうしても必要だ。そしてその境界線を、対外的には防衛し、対内的には境界線設定の主旨にふさわしく人びとを治める存在、すなわち政治権力者が必要だ。私たちはこう考えて疑っていないが、ここでイエスはそうした政治にかかわる常識を大胆に問い直しているといえよう。

カール・シュミット（Carl Schmitt：一八八八－一九八五）は「政治的なるもの」の本質を「彼ら」と「我々」

の、すなわち「敵」と「友」の二分法または二分法を設定する力の中に見た。共通の敵を前にして、人間は「境界線」のこちら側における統合の必要性を真摯に自覚するからである。ここでは、シュミットの規定の是非は問わない。それでも、どうやらいえそうなのは、イエスが、シュミットいうところの「政治的なるもの」の本質それ自体を相対化している、ということである。

イエスによって説かれた宗教は普遍宗教だといわれる。それが、民族とか国家とかいう境界線でくくられた壁を乗り越えるメッセージを発信しているからである。ただし、このことの政治思想的な意義はもっと強調されてよい。というのもイエスの言動は、政治という営みそのものの根幹を揺さぶっていたからである。

四　初代教会の成立と使徒パウロ

イエスは、自身の登場をもって、神の王的な支配が「すでに」最終局面に入っている、との福音を説いて回った。だが、そうしたメッセージは当時もいまも、人びとの日常生活の実感に照らし合わせて何かピンとこないのも確かなところである。現に、悪魔の仕業としか思えない苦しみがあるし、悲しみがある。イエスの同時代に引きつけるなら、ローマ帝国の圧制がイスラエルの民を苦しめている。本当に、神の国は「すでに」到来したのだろうか。この問いに対する否定的な回答を現実として突きつけられる中で、人びとのイエスに対する信頼感は急激に低下していった。失望が憎悪に転化するのは易しい。イエスは古代イスラエルのコミュニティから追い払われ、最後は、ローマとは異なる「王国」へと人びとをいざなう政治犯として十字架刑に処せられるのである。

それゆえ、イエスの復活を信じて再結集した弟子たちが取り組まねばならないことの一つは、神の国が「すでに」始まっているとした師の教えと、「いまだ」神の国の決定的な実現が見て取れない現実との整合性の確保であった。そして、ここでいう整合性を完成したとはいえないまでも、問題の所在を明確に示した思想家こそ、使徒パウロに他ならない。

イエスの死後、弟子たちは、当のイエスが生前に約束していた「聖霊（Holy Spirit）」が自分たちに臨み、師の説く福音を全世界に広めよとの委託を受けたと確信して、宗教共同体すなわち教会を結成する。いわゆる「初代教会（原始キリスト教会）」の誕生である。こうした事情もあって、初代教会の主力メンバーはイエスの直弟子たちだったが、そこに新たに加わることになったのがパウロである。彼は当初、熱心なユダヤ教徒として最初期のキリスト教徒たちを迫害していたが、復活したイエスとの神秘的な出会いを経験した後、宣教活動に挺身した。年齢的にはイエスとほぼ同じぐらいだと考えられている。

パウロはユダヤ人でありながら、その出身家系から、ローマ市民権をも持っていた。またユダヤ教に通じる一方で、ギリシア思想にも造詣が深い。つまり当時のイスラエル社会の上層階級に属し、しかもインテリだったのである。この点、イエスの直弟子たちと対照をなす。そして、このパウロの資質と社会的ステイタスは、初代教会に大きく貢献した。

まず、パウロの教養を通じて、初代教会で共有されていた宗教的教説は当時の地中海世界の知的サークルに浸透していくことができた。イエスのメッセージが「神学」になる足場を、パウロは築いたわけである。じっさい、新約聖書の後半部は、パウロが各地の教会に宛てて書いた神学的な内容の手紙から成り立っている。

またパウロがローマ市民権を持っていたからこそ、教会で重んじられていた教説と儀式――そろそろ「キリスト教」という言葉を用いよう――は、地中海世界を縦横無尽に駆けめぐって伝道することが可能になった。このことは軽視できない。

事実パウロは、パレスチナから今日のトルコやギリシア半島そしてイタリア半島へ、ローマが誇る安全な交通網を最大限に利用しながら伝道旅行をする。最後は、帝国の西のはずれスペインまで行こうと計画していたくらいである。また、各地で当局者たちによる迫害を受けても、彼は自分の持つ市民権をもとに、ローマの法手続きに則って、迫害の不当性と身柄の解放を再三訴えることができた。

さて、パウロという人物にかかわる補足説明を行ったのは、次のことを説明したかったからである。つまり、自身が経験したこと、および享受したことに照らし合わせてみても、彼にはローマ帝国が保障する現世的な秩序を全否定する理由がなかった、ということである。ただし、「全否定はしない」ということであって、「追認する」というのではない。この微妙な立ち位置が、パウロと後のキリスト教が発信する政治思想に独特な性格を与えることになった。

そういうパウロのデリケートな政治思想を確認するためにも、一つのテクストを検討してみよう。「ローマ書」とも略記される「ローマの信徒への手紙」、その第一三章の冒頭である。

人は皆、上に立つ権威に従うべきです。神に由来しない権威はなく、今ある権威はすべて神によって立てられたものだからです。従って、権威に逆らう者は、神の定めに背くことになり、背く者は自分の身に裁きを招くでしょう。

(「ローマの信徒への手紙」第一三章一～二節)

一見したところ、既存の政治権力を宗教的に正当化しているようなテクストではある。しかし、その解釈に関していえば、これは政治権力の神聖視を勧める内容のものではない、との指摘がこれまで研究者によってなされてきた。

たとえば「権威」と訳されているギリシア語「エクスーシア」。それはローマの世俗的行政用語であり、パウロは彼自身知っていた宗教的な意味を持つ「権威」という語をここでは採用していない。つまり、少なくとも「ローマ書」第一三章に登場する「権威」は、何ら宗教的な存在ではないのである。こうした解釈からもいえることだが、ユダヤ教から派生したキリスト教は、権力批判を中断して新たに権力擁護を始めたというのではない。パウロにも、古代イスラエルの民が抱いていた警戒感は引き継がれていたのである。すなわち、政治が宗教の領域を侵犯することに対する警戒感である。

ただし、そうなると今度は、パウロの政治思想的オリジナリティが問われることとなる。そこで、後にキリスト教が提起してくることになる政治思想的な問題設定の仕方に照らしながら、「ローマ書」第一三章の意義というものを、少し広い文脈の中で考えてみよう。

五　終末論的日常性を生きる思想

問題になっているテクストは、帝国の都ローマに存在する教会のメンバーたちに対して、政治権力というものをどう理解すべきか、についてパウロが提案を行っている個所である。ところで近年の研究では、彼が当時のローマ教会の抱えていた問題を念頭に置きながらここを記している、ということが指摘されている。その問題とはひと言でいえば、ローマに生きる一部のキリスト教徒たちの中に見られた「熱狂主義」である。

ここでいう熱狂主義とは、これまでの文脈に即するならば、「すでに」神の支配が始まっている、ということを過度に強調する立場である。そしてこの立場をとる人びとは容易に想像がつくように、日常生活に拘束されることを潔しとせず、しばしば社会のトラブルメーカーになっていたようである。産声を上げて間もないキリスト教会の評判も、彼ら彼女らによって失墜する危険性があった。加えてパウロがここで問題にしていたのは、自分の宗教的純粋さを保つことだけに熱狂主義者たちの関心が向かいがちだった点である。その結果、彼ら彼女らは、いま現に隣で苦しんでいる教会員のことに配慮できないし、そうした人びとに愛の手をさしのべることができない。

こうした人びとに対して何というべきか。パウロは、神の国が「すでに」開始していることを一方では認める。彼には、神の国の最終的な到来が近づいていることに同意する準備があるし、自己の純粋さを大事にして救済に備えることの必要性も承認できる。まさに「夜は更け、日は近づいた。だから、闇の行いを脱ぎ捨てて光の武具を身に着けましょう」（同書第一三章一二節）というとおりである。他方で、しかし現時点ではその終末は「いまだ」来ていない。神の国は完全な形では「いまだ」到来していない。そのことにも教会の指導者たるパウロの目は向かう。

それゆえ、パウロの「終末意識」は二つの極に挟まれたものとなる。「すでに（already）」と「いまだ（not yet）」の二つである。そしてそこから、一つの倫理的な態度が提示されることになった。キリスト教徒が生きるということは、「中間時」に生きるということなのだ。「すでに」到来しているはずの神の国を「いまだ」完全に示さないのが神の意図であるならば、「いまだ」終末ならざる現世を秩序づけているものに一定の敬意を払う。これも、神に対するキリスト教徒の然るべき態度なのである。

こう見てきていえるのは、パウロという人が西洋の思想に、「終末論的日常性を生きる政治倫理」というべきものをつけ加えた、ということである。

「すでに」と「いまだ」という終末にかかわる二つのイメージを等しく尊重しつつ、この初代教会最大の伝道者は地中海世界で宣教活動を行う。彼による問題の（解決、ではなく）定式化のゆえに、原始キリスト教は政治体制に飲み込まれることを回避できたし、また、一時的で狂信的な宗教運動で終わってしまう危機を乗り越えることができたのである。つまり、「すでに」ということを重んじるからこそ、それは現世と現世を秩序づける政治権力とを相対化する。しかし同時に「いまだ」ということを重んじるからこそ、それは現世に対する軽々しい超克を意図しない。

こういう「終末意識」に由来する基本姿勢を備えたキリスト教徒の共同体の中で今後、政治という人間の営みはどのように理解されていくのだろうか。本書全体にかかわる視座は、こうして設定された。

第2部

古代地中海世界と教会

キリスト教会は、古代地中海世界全体をカバーする帝国の中で産声を上げた。それゆえ、この宗教共同体は当初より、圧倒的な存在感を帯びる政治共同体とどう向き合うか、という問いに直面することとなる。とりわけ問題を複雑にしたのは、教会を擁護してくれる政治権力者の出現であった。キリスト教はこれをどう評価したらよいのか。有力な回答の一つは、宇宙を統治する唯一神を地上で反映する存在として、このクリスチャン・エンペラーをあがめることだった。しかし、キリスト教を国教化しさえした西ローマ帝国の崩壊が迫る。このとき教会は、キリスト教のビジョンが現実化し、世界が完成を見るのは、歴史の終わりにおいてだ、との説明を改めて強化した。こうして、政治という現世の営みは、時間の彼方に現れるものによって相対化されることになったのである。

第3章　エウセビオス

前章までで私たちは、聖書のメッセージに含まれており、しかも政治を考える上で重要な二つの思想的要因に注目した。すなわち「共同性」と「終末意識」である。本章からは、これら二つが思想家たちや聖職者たちの考察をどのように刺激するものなのか、その典型的な事例を古代世界の中から検討していくことにしよう。

まず取り扱うのは、迫害を中止した帝国に、「終末意識」を弱めながら、キリスト教を受容させようとした聖職者の試みである。

一　宗教共同体としてのキリスト教会

帝政期になぜキリスト教が広まったのか。理由はいろいろ考えられるが、ここでは単純に次の点を指摘しておく。つまり、不確かさが支配する社会全体の雰囲気の中で、「精神的にも肉体的にも」確かなものをキリスト教会が提供した、という点である。「精神的」のみならず「肉体的にも」である。これを強調しておく。たとえばキリスト教には「聖体拝領」とか「聖餐式」と呼ばれる礼典（サクラメント）が存在する。パンをイエスの肉に、葡萄酒をイエスの血に見立てた上で、それらを教会員たちが共に飲み食いし合う宗教儀式である。そして興味深いことに、初期の教会では日曜日ごとに、この礼典を通じて人びとは空腹を満たすこともできたらしいのである。

つまり、身も蓋もない話だが、人びとの食欲にも訴える宗教儀式を持っていることが、最初期のキリスト教のセールスポイントだったのである。これは決して馬鹿にすべき話ではない。食糧事情が不安定だった古代社会にあって、飲食の問題をもケアできる宗教共同体に対して向ける人びとの帰属意識は、当然高まったであろうからである。この他、新約聖書「使徒言行録」では、初代教会のメンバーたちが各自の財産を持ち寄って相互扶助を行った、と記されている。それが紀元一世紀の実態を正しく記述しているかどうか、議論の余地はある。それにしても、一種の共産制がキリスト教徒同士の連帯のモデルと目されていたことは間違いなさそうである。

こうして、キリスト教会が、ローマ帝国よりも人びとの共同体生活のベースとなる事態が生じ始める。地中海世界全体を包括するに至った後者はあまりに広大かつ抽象的な政治共同体となってしまった。そうした共同体に対し、「それを支える連帯意識を持て」とか「それに帰属意識を抱け」というのは、ずいぶんと無理な相談である。なるほど、ストア派の思想に慣れ親しむインテリたちであれば、自身をコスモポリタンと見立てて、世界国家の理念を体現するローマ帝国への参与を論じるかもしれない。けれども、少なくとも民衆レベルでは、それこそ生活実感に訴えかける連帯を実践するコミュニティはいまや、一新興宗教の共同体が担い始めたのである。

そして、共同体をめぐる人びとの意識のこうした変化を的確に察知した為政者として、私たちはコンスタンティヌス帝（Constantinus I：在三〇六－三三七）を理解することにする。いうまでもなくここでは、キリスト教徒迫害の終了とキリスト教公認を政策として打ち出し、従来没収していた教会財産の返還も認めた帝の「ミラノ勅令」が念頭に置かれている。三一三年のことである。

彼がなぜキリスト教を公認したかについては、いろいろな説明がなされてきた。ローマに伝統的な宗教の神官としての職位を、コンスタンティヌスは終生手放そうとしなかったし、教会の入会儀式である洗礼は臨終の床で、しかも後に触れる異端・アレイオス派の聖職者の手から受けている。本当にキリスト教にコミットしていたのかどうか疑われても仕方のないのが、この最初の「クリスチャン・エンペラー」である。

それでも、キリスト教と教会の少なくとも「政治的な」利用価値を彼が正しく認識していたことは、どうやら間違いない。民族や貧富そして社会的身分の「境界線」を越えた人びとの救済を説く普遍宗教。これこそが、普遍的な世界そのものと重なり合うことになってしまった帝国に生きる人びとの精神的な支柱になるはずだ。軍人としての資質はともかく、政治家としてのそれとなると評価の分かれるコンスタンティヌスではあるが、三一三年の政策転換は、世界帝国を治める者としての自意識に由来していた。かくして、それまで官憲の目を憚《はばか》っていたキリスト教徒たちは、晴れて礼拝の自由を享受できるようになったのである。

さて、このように述べると、四世紀の初めからキリスト教徒たちは我が世の春を謳歌し始めた、と思われるかもしれない。そして、そうした理解は必ずしも間違っていない。けれども、ここで見落としてならないのは、このたびのキリスト教公認はキリスト教徒たちの間に当惑をも引き起こした、ということである。

つまり、キリスト教は初めて「信仰を擁護してくれる政治権力者」に直面することになった。これをどう理解したらよいのだろうか。問題は次々に派生していく。昨日までの迫害者を翌日には歓迎してよいものだろうか。そもそもキリスト教と政治権力とは、どういう関係にあるべきなのだろうか。

新しい歴史状況に対応して、新しい回答も要求される。そんな中、登場したのが聖職者エウセビオスに他ならない。

二　アレクサンドリア学派と「霊肉二元論」

百科事典的な規定を踏襲するなら、エウセビオス（Eusebios：二六〇?－三三九）は、キリスト教最初の教会史家として記憶されるべき人物である。といっても、次節で触れるように、現代的な意味での西洋史の一分野としての「教会史」を思い浮かべてエウセビオスの書に接するなら、おそらく困惑は避けられない。客観公正を旨とした記述がそこでは必ずしも意図されていないから、である。けれども、そのぶん彼は古代キリスト教の様子を、その名も『教会史』という著作の中で、生き生きと描き出すことに成功しているし、何より今日でも、私たちが初期の教会に生きた多くの聖職者や殉教者たちの言動を知りうるのは、エウセビオスの記事に依るところが大きいのである。

しかしエウセビオスの功績は歴史の方面だけにあるのではない。彼はパレスティナの港湾都市であるカイサリアで、司教という高位聖職者の地位に就き、人びとの宗教生活に対するケアを行っただけでなく、神学の分野でも大きな貢献を果たしている。本章が注目するのも、後者の方面である。

そこで神学の歴史の中でエウセビオスがどのような地位を占めているのか、説明しておこう。

神学者エウセビオスを語る上で重要なのは、古代における最大の神学者の一人であるオリゲネス（Origenes：一八五？－二五四？）の学風に親しんだことである。そしてオリゲネスは神学史的に、アレクサンドリア学派のリーダーと目されている。この学派の特徴はギリシア思想の影響が強いことに求められる。そして、ここでギリシア思想というとき（というよりも、キリスト教の教説の歴史の中で「ギリシア的だ」という場合）、通常それは「霊肉二元論」的な傾向を指していると考えて、まず間違いない。

霊肉二元論、すなわち、世界ないし宇宙の最終的なエッセンスは二つ存在する、という立場である。ここではまず一方に、「神に属する」「目に見えない」「きよらかで」「不動の」霊というエッセンスが想定される。だがそれは他方で、「現世に属する」「目に見える」「ダーティで」「変転してやまない」肉というエッセンスも考えている。世界ないし宇宙は突き詰めるなら、これら二つから構成されている、とするのである。

さて、こうした霊肉二元論的な傾向がキリスト教神学の世界に導入されると、いろいろな検討課題を新たに派生させることとなる。たとえばアレクサンドリア学派では、創造者（つくるもの）と被造物（つくられたもの）との相違が強調されることになった。きよらかな霊である神が、この世界というダーティな被造物を直接創造したはずはない。そんなことは神にふさわしくない。霊なる神が肉なる被造物を直接創造したとするのは神を冒瀆する考えだ、と見なすからである。それゆえアレクサンドリア学派では、次のような考え方が支配的となる。つまり、神が世界を創造したというのであれば、そのとき霊と肉との間を仲立ちするものが必要である。そしてそれが、新約聖書でいう神の子イエスなのだ。

一見したところ、もっともな説明ではある。けれども、ここにはキリスト教信仰の根幹にかかわる問題が潜んでいた。すなわち、この説明を受け入れるなら、子なる神イエスは父なる神に従属していなければならない。いわゆる、アレクサンドリア学派の「従属説」と呼ばれる議論である。つまりここでは、神の子キリストは「ゴッド（神）」ではあっても「ザ・ゴッド（唯一の神）」ではないのである。

三　ニケーア公会議と三位一体論争

アレクサンドリア学派の主張は、コンスタンティヌス帝の時代、教会で説かれるべき教理にかかわる論争を引き起こした。「三位一体論」にかかわる論争である。

そもそも三位一体論は、キリスト教の神論の基礎をなしており、「聖書が証しする神は、父なる神・子なる神（言葉・ロゴスとしての神）・聖霊なる神という、三つの『位格（羅：persona）』と一つの『実体（羅：substantia）』において存在する」という表現でまとめられるものである。三位一体という言葉それ自体は聖書にはないが、復活したイエスが弟子たちに世界宣教を命じる際、人びとに「父と子と聖霊の名によって洗礼を授け」（「マタイによる福音書」第二八章一九節）なさい、と述べた記事に主として訴えつつ、その概念は形成されていった。ただし、まさに形成されていったのであって、「神は一つであり、同時に三つだ」ということをどのように理解すべきかをめぐっては、激しい論争が生じた。そして決着をつけるべく開催されたのが、三二五年のニケーア公会議である。

この公会議で特に争われたのは、父なる神と子なる神イエスとの関係である。三つの立場がそれぞれ論陣を張った。それらを便宜上次のように呼ぶことにしよう。すなわち（一）アレイオス派、（二）アタナシオス派、そして本章のキーパーソンが関係する（三）エウセビオス派である。

各立場を簡潔に述べるなら、（一）はアレイオス（Areios：二五六？－三三六）に代表される立場である。ここでは、神の子は神によって造られたもののうち最初で最高のものだ、とされる。こう述べることでアレイオスたちは、霊である神がダーティな物質世界を直接創造するはずがない、というギリシア思想を満足させることができるのである。これに対し（二）は、公会議当時、アレクサンドリア司教のアレクサンドロスが率いた神学的グループだが、有名なアタナシオス（Athanasios：二九五？－三七三）が他派との論争を主として担当したので、本書ではアタナシオス派という呼び方を採用する。この立場では、父なる神と子なる神とはまったく同質（希：homooúsios）だ、とする。

以上の（一）と（二）がニケーアの公会議で最後まで争うのだが、結果は（二）の勝利となり、アタナシオスは「正統信仰の父」と呼ばれることになる。だが、このアタナシオスたちが勝ったとき、キャスティングボートを握っていたのが、実は（三）のグループだったのである。われらがエウセビオスは神学的にはアレイオスに近かった。けれども、公認間もないキリスト教会の統一を重視する姿勢をこのカイサリアの司教はとっていたようで、結果として、普遍帝国の精神的支柱を普遍宗教に求めようとしていたコンスタンティヌス帝の信任が厚くなる。事実、このエウセビオス派が公会議に提出した文書は、決議文の草案となる。つまり、父と子の同質性を言い表す「ニケーア信条」の原案を作成したのがエウセビオスなのである。

ただし、彼は公会議後アレイオス派へ接近し、そのため一時は教会から追放される。この例が示すように三位一体論争それ自体はしばらく続き、三八一年、テオドシウス帝（Theodosius：在三七九－三九五）が召集したコンスタンティノープル公会議で、ニケーア信条を確認して終結することとなる。古代教会の三位一体論が「ニケーア・コンスタンティノープル信条」で確定した、と語られるのはそのためである。

四　三位一体とキリスト教神学

三位一体論という教理がまとまる過程を、少なからぬ紙幅を用いて紹介した。非キリスト教徒からすれば退屈きわまりない説明だったかもしれない。それこそ悪しき「神学論争」の典型を感じ取った方もいるだろう。

しかしキリスト教の世界では、こうした高度に抽象的な議論が、思いのほか具体的な事例に適用されるケースも珍しくはない。そこで少し横道に入り、抽象度の高い神学的トピックが社会的・政治的な問題を提起する例を示しておこう。現代キリスト教神学をここでは念頭に置く。

ニケーア公会議などを経て、正統的だとされるキリスト教は神を三位一体の路線で考えることとなった。その際、父と子そして聖霊の各位格は同等とされている。だが、その正統とされる神学にしても、その後の歴史が示すところによれば、現実には、「最高位にいる」父なる神と、「それに従属する」「劣った」子と聖霊を考える傾向がなかっただろうか。神学の教科書で三位一体論は正三角形の図式で説明されることが多いが、そのとき、ピラミッドモデルの頂点にはまず間違いなく父が配置されているのである。そしてここから、特に二〇世紀後半以降、このような図式に捉えられてきたキリスト教神学の内に潜む政治性が問題視されるようになった。たとえばこんな具合である。

どんな社会も、そこで支配的な宗教とその神観でもって、当の社会における人間同士の結びつき方を考えようとするものである。しかもキリスト教では人間を「神の像（神の似姿 imago Dei）」として論じている。だからここでは、神観と人間および社会とのアナロジーは、他の宗教以上に論じられやすいともいえる。さて、この文脈で、頂点に立つ「父」とそれに従属する「子」と「聖霊」という図式で表現される三位一体論を考えると、一体どういうことが導き出されるのだろうか。

たとえばこの図式では、父なる神が子や聖霊を従属させているから、支配ということが無反省に肯定される。父なる神が最高位にある「個」だから、憚りのない個人主義が主張される。神は父という偉大な男性だとイメージされるから、家父長制が擁護される、等々。伝統的な三位一体論を反省しつつ、現代の神学者たちは、社会的・政治的問題にかかわるこうした指摘を行っているのである。

そして彼ら彼女らは返す刀で、三位一体論の新たな定式化を試みる。インスピレーションを与えたのは、七－八世紀のギリシア系神学者ダマスコスのヨアンネス（Joannes Damascenus：六七五?－七四九）である。彼は「ペリコレーシス（perichoresis）」という概念で三位一体を捉えた。そこでは、三つの位格が輪を作って一緒に踊りまわるダンサーのように考えられている。では、この正当な評価を長らく与えられてこなかった三位一体論に光を当てるとき、神学はいかなる社会的・政治的示唆を行うことができるのだろうか。

まず、ここでの位格は、関係の中に組み込まれたそれとして考えられている。そもそも位格とは単独では成り立たず、他の位格とかかわって成立する概念なのである。また神の「唯一性」もここでは、自己完結した一個人のイメージで考えてはならない。それは、互いに愛し合い調和して共生する、三つの位格共同体における唯一性だからである。そしてこのように三位一体の神が考え直されるならば、神の像である人間のあるべき姿も、孤独な自己主張においてではなく、共同体の中において初めて実現されるものとして理解されるはずである。また、男性中心主義（マッチョイズム）の影響を強く受けてきた神学的人間像も再考されてしかるべきだ。このように、二〇世紀後半に強調されるようになった三位一体のペリコレーシス的理解は、人間とその社会のペリコレーシス的理解を促しているのである。

ただし、梯子を外すようであるが、神をどう捉えるかということは、それほどストレートに社会をどう捉えるかのモデルを導くものなのだろうか。回答を寄せるにあたって、筆者自身は慎重な立場にある。また、特定の社会の理想形態がそこで支配的な宗教を反映するとすれば、それはそれで一種の決定論ではないのか。そうした疑問は残る。

もっとも、神観と政治観との直結が鋭い問題提起を可能にすることも確かである。「三位」一体という複数性のニュアンスを持った神概念が成立した時点で、単独者支配を、いわんや独裁を擁護する神学は成り立たなくなった。新約聖書学者のエーリク・ペーターゾン（Erik Peterson：一八九〇－一九六〇）は、ボン大学の同僚であった公法学者カール・シュミットの所説を意識しながら、そう断じる神学論文を執筆した。ペーターゾン自身は、この主張に対する豊富な反証例があることをおそらく知っていたが、それでも、一九三〇年代のドイツで、ナチスに接近する、かつての友人シュミットに反省を促したいことがあったのである。そして、この文脈でペーターゾンがシュミットに指し示そうとした人物こそ、エウセビオスだった。

五　エウセビオスによる帝政の正当化

話を戻す。ここでは、エウセビオスの『教会史』や『コンスタンティヌスの生涯』からうかがえる彼の政治神学を確認しておこう。ごくごく限られたものになるが、印象的なテクストを紹介し、互いに関連する論点を二、三考えてみたい。

彼は『コンスタンティヌスの生涯』第一巻五章で述べる。

一にして唯一である神は、「多」に立ち向かう「一」として、ご自分に仕えるコンスタンティヌスを聖なる完全な武具でもって固めさせた。

（エウセビオス、二〇〇四年、一二頁）

象徴的な表現が用いられてはいるが、ここでエウセビオスは、唯一なる神を信仰するキリスト教の教理にもとづいて、「一」ということを高く評価する。そして彼は返す刀で、「一」ならぬ「多」を、ほとんど宗教的に立ち向かうべき悪と見なしているのである。しかも、神とコンスタンティヌス帝が一つの文の中で同時に登場することが示しているように、ここで神学はただちに政治思想に転化しているのである。

つまり、エウセビオスその人の思考では、宇宙における唯一の神を奉じることが、世界におけるただ一人の王に人びとが従うべきことの理由となる。地上の統治は天上の統治を反映しなくてはならないのである。こういう視座をひとたび採用したならば、現世の政治権力を批判的に見据えることは至難の業《わざ》にならざるを得なくなるだろう。

加えて、エウセビオスには一種の歴史哲学が存在しており、それがまた、皇帝という世界君主と、帝国という世界的な王国を正当化している。

> 唯一の神と唯一の宗教と救いの道、そしてキリスト教の教えまでもが万人に知られた、まさにその時に、唯一の支配者にローマ帝国の全支配権が授けられ、完全な平和が全世界に行き渡った。
>
> (O. & J. L. O'Donovan, 1999, 58)

私たちからすると、ローマが統治体制を共和政から帝政に切り替えたのは、政治史的な問題である。オクタヴィアヌス(Gaius Octavianus：BC六三－AD一四)はキリスト教を布教したくて皇帝の座に就いたわけではない。けれどもエウセビオスが見るところ、帝政ローマの成立とイエスの誕生とがほぼ同時期に生じたことには強い連関がある。神の子は、統治に複数の人間が関与する共和政の時代にではなく、それに一人の人間だけが責任を有する帝政期を舞台にして、地上に登場しなくてはならなかったのである。

果たせるかな、天上の一人支配を反映する現世の一人支配体制という理想が行き着くところ、少なくとも時の皇帝コンスタンティヌスをエウセビオスは称えてやまなくなる。言葉を額面どおり受け取るならば、エウセビオスにとってメシアはイエスなのか、それともコンスタンティヌスなのか、判断に迷うテクストさえ私たちは手にしている。エウセビオスはコンスタンティヌスを「皇帝・単独支配者・世界支配者である唯一生まれた息子」（エウセビオス、二〇〇四年、二一四頁）と呼ぶが、これらの言葉はキリストを示すものでもあったのである。

世俗の政治権力者たるローマ皇帝はここに至り、悪名高き皇帝崇拝の時代以上に、宗教的な存在とされた。

六　エウセビオス批判と歴史理解

こうしたエウセビオスの政治神学を、すなわちキリスト教神学の視点からする現世的な政治権力の理解をどのように評価すべきだろうか。

従来何よりも問題とされてきたのは、エウセビオスが、歴史におけるキリスト教会のプレゼンスの高まりをローマ帝国の政治史と直結させて理解した点である。カイサリアの司教は、最終的にローマ帝国に教会を公認させるに至ったキリスト教史の栄光を、ローマ皇帝の事業に過度に回収させてしまった。あまりにも嘆かわしいではないか、というわけである。

もちろん、エウセビオスだけが当時の政治権力に媚びへつらったわけではない。彼は当時のキリスト教徒たちの一般的な思いを代弁していたにすぎない、ともいえよう。しかしそれでも、原理原則レベルで、エウセビオスの政治神学が問題をはらむのは確かである。本書全体の視点に立って述べるなら、彼の神学にあっては、ユダヤ・キリスト教の伝統を成り立たせてきた「終末意識」の占める場が小さい。

というより、「終末意識」の後退したキリスト教神学が、いかなる政治思想的帰結を引き出しかねないか、その典型的な事例を私たちはエウセビオスに見ることができるのである。

おさらいしておくが、「終末意識」とは、私たちが圧倒的なリアリティを感じずにはいられない歴史とそこでの出来事も、所詮は相対的だとする意識である。私たちを打ちひしぐような現実も最終的には喜ばしい形で克服され、そしてその本来の目的に適う仕方で完成させられる。このようにそれは、歴史の彼方に、それも喜びに満ちているはずの歴史の彼方に、人びとの目を向けさせる機能を持っている。

しかるにエウセビオスにおいては、歴史の終わりや歴史の彼方において出現するものに対するセンサーが、うまく働かない。もちろん私たちも理解できないわけではないが、彼は、皇帝によるキリスト教の公認という夢のような歴史上のリアリティに、目を奪われているのである。結果として彼は、神に対する感謝を忘れるわけではないが、現在の夢のような世界を享受しようとし、そしてそれを地上にもたらしてくれたコンスタンティヌスを称えてやまない。

「終末意識」が弱まると、現世とは異なる世界のビジョンを抱きにくくなる。すると相対的に、現世と現世を秩序づけている政治権力の存在感が高まる。こうなると、その現世と政治権力とを、手持ちの宗教的なボキャブラリーとグラマーで語るしかない。このような、キリスト教世界に特有の政治神学的問題が、エウセビオスその人に集中的に表現されているのである。

ただし、本章を終えるに際して考えておきたいのは、エウセビオス批判それ自体の妥当性である。ある意味で、このカイサリアの司教を批判することは児戯に等しい。彼をローマ皇帝の「茶坊主」と呼べばよいからである。けれども、そうしたエウセビオス批判それ自体の危うさというものもあるのではないか。この問題を、同時代のエピソードを通じて考えておく。

　エウセビオスのような体制迎合的な考え方はおかしいのではないか。こういう批判は実は、当時から存在していた。キリスト教の布教が帝国で認められると、教会にやって来る人が急増した。しかし、あまり準備のできていない人たちが、次々と教会員になっていく。昨日までキリスト教を軽んじていた社会的有力者たちが、競って教会堂を寄付しようとし始めた。聖職者たちの羽振りがよくなった。しかも、その聖職者たちの中には、迫害時代、官憲の圧力に屈して一度棄教したと噂される者もいる。そうした現状に照らし合わせるとき、三一三年の出来事は本当に歴史における教会の勝利と見なしてよいのだろうか。

　公認後間もなくして教会では、こういう異議申し立てがなされるようになった。声を上げた人びとにすれば、エウセビオスが教会史の栄光と見なしたものは、むしろ教会史の堕落に他ならない。「もはや殉教という究極の証しが不可能になってしまった時代に、どのように十字架のイエスを証しすべきであろうか」という問題意識は持続させなくてはならないのである。

　かくして彼らは、大都会できらびやかになっていく教会堂に別れを告げ、たとえば北アフリカの砂漠に向かう。そこで自分自身と神とに向き合おうとする。また、そうした質素な信仰生活を全うしようという志を同じくする人たちと共に、俗世と切り離されたコミュニティを作ろうとする。いわゆる、修道制の始まりである。迫害時代ではなく公認時代にかえって修道制が本格化する。急激に体制に飲み込まれていく宗教のあり方を思うとき、私たちも共感できる事実ではある。

　だが話の展開に、あまりに急であってはなるまい。なるほど、エウセビオスにおいて、政治に対する宗教の堕落と呼ぶべきものが生じたかもしれない。しかし、こうした事態に対する一見もっともな反応も、それ自体重大な問題を内に潜めているのではないか。たとえば、堕落した周囲の状況に対して修道制が生まれるわけだが、それはユダヤ・キリスト教の伝統からして、全き正当性を付与される反応なのだろうか。

前章までに確認されたことの一つは、聖書に含まれる「共同性」という思想的要因だった。つまり、宗教にかかわる事柄であっても、それを一個人の内面の問題に限定させまいとする、思想的な力の働きである。その意味でユダヤ・キリスト教の伝統は、それが突き詰められたときにも、必ずしも非政治的になるわけではない。ヘブライズムの宗教は、その純粋な現れ方においても、社会なり政治なりにコミットしようとする傾向を持つ。

そしてそう考えると、現実政治とのかかわり合いを持続させようとしたエウセビオスも聖書の宗教からの完全な逸脱者だとはいえないし、逆に、キリスト教の「純粋化」を目指して砂漠に向かった修道士たちもこの宗教の正統な後継者だとは必ずしもいい切れないのである。

この関連でもう一点述べる。

修道制というアイディアは、宗教が体制に迎合することで「客観的に」堕落していくことに対する憤りに由来していた。また、少なくとも「主観的に」純化された宗教のあり方を目指そうとする敬虔な思いに由来していた。けれども、宗教というものは、少なくともキリスト教という宗教は、主観的に純化されることだけを理想とすべきだろうか。むしろ、主観的に純化された宗教という理念それ自体が引き起こす検討課題もあるのではないだろうか。

キリスト教史を眺めていると、客観的な堕落と呼ばれるものを、教会は織り込み済みであるようにも思われる。逆に興味深いのは、それ自体極めて真面目な理念や運動によって、この宗教がかえって何度となく揺さぶられてきた事実である。真摯さが母体である宗教そのものにとって危機となるということだが、ここで念頭に置かれているのは、主観的な純粋主義が過度に強調された結果、神や神的なものを受け止める存在が自分自身の主観性に限定されてしまう事態である。超越的なるものが現世において、自己という「点」にたとえられるような存在でしか受信されない事態である。

真面目ではある。真面目ではあるが、これでは信仰が、文化や歴史そしてこれらを前提とした政治の問題に関係していけなくなる可能性が高まる。文化や歴史そして政治は、継続性を持った時間を前提とするからである。「点」に対して「線」にたとえられるようなものを前提とするからである。

宗教が個々のキリスト教徒たちの真面目な信仰によって限りなく断片化される。そうした問題に古代の教会は早くも直面した。そしてあらかじめいうならば、この問題に対して妥当性の高い一定の回答を寄せたのは、自己の内面を見つめてやまない、これまた真面目な一キリスト教徒だった。

そんな彼の神学が以後、今日にまで至る一六〇〇年もの間、カトリックかプロテスタントかを問わず、少なくとも西方教会の教義の支柱となる。その人物こそ、次章で扱うアウグスティヌスである。

第4章　アウグスティヌス

アウレリウス・アウグスティヌス（Aurelius Augustinus：三五四－四三〇）は、北アフリカのヌミディアに生を受けた。西方教会の世界に、すなわちプロテスタントもそこに含まれるローマ・カトリック教会の文化圏に、決定的な思想的影響力を行使することになるアウグスティヌスではあるが、彼の故郷と主たる活躍の場は、ヨーロッパではなかったのである。しかし、後述するように、同時代のアフリカに独特な問題に取り組む中で、彼は逆説的に、ヨーロッパ世界の精神的支柱を打ち立てることになる。

一　その生涯

当時の野心的な青年たちと同じく、アウグスティヌスも、末期ローマ帝国のエリートとなるべく、イタリアで学問的修行を積む。ただ、その過程で無視できないのは、彼がマニ教に深くコミットしたことである。マニ教は、もともと古代ペルシアに由来するゾロアスター教の影響のもとに三世紀頃成立した。

教義の特徴は二元論である。つまり、「光と暗黒」という言葉で表現される善と悪との永遠の対立という観点から、この宗教は世界を把握する。そしてそこから、光と称される善に徹して現世を生きよとする倫理を説いていたのであった。ところで、青年というものは古今東西問わず道徳的な潔癖さを尊ぶものだが、若きアウグスティヌスもその例に漏れず、彼はマニ教が勧める道徳的な生活を送ろうと志す。だが、努力すればするほど、彼は空しさを自覚し、密かに苦悩するのであった。ここに彼は、罪や悪からの救済を希求し始め、母モニカがすでに入信していたキリスト教のことを改めて思い起こすことになる。

こうした実存的苦悩はあったものの、アウグスティヌスの修学能力は高いレベルを維持できた。三八三年からローマで学び始めた彼は、研究の場を北イタリアのミラノに移す。そしてアウグスティヌスはついに、修辞学教師の職を得るのであった。「レトリック」と訳されるとき、「修辞学」という言葉は、現代日本語の感覚では「詭弁」というニュアンスを伴う。しかしこの学問は当時人気が高く、その教師となることはただちに社会的名誉と多大な収入の獲得を意味していた。古代地中海世界は公務に勤しむことが人間としての完成を意味する世界であったが、その公務の中心は公共の場における弁論活動であり、その弁論の質を高めることこそ修辞学の課題であったからである。そして、この修辞学をマスターした結果として、アウグスティヌスの書くものは名文としてヨーロッパ世界で読み継がれることになった。

さて、社会的エリートでもあるマニ教徒としての歩みを始めたアウグスティヌスであったが、そんな彼に三八七年、大きな精神的転機が訪れた。ミラノ司教アンブロシウス（Ambrosius：三三九？－三九七）

がアウグスティヌスを導き、彼をキリスト教に入信させたのである。

このアンブロシウスは自身、古代末期の名僧として名高いが、注目に値するのは、彼の政治的スタンスとでもいうべきものである。一つの事例がある。ギリシアのテサロニケで反ローマを訴える一揆が生じた。当然、帝国当局はこれを放置しておくわけにはいかず、皇帝テオドシウス（Theodosius：三四六－三九五）は自らこの鎮圧にあたった。しかし、ローマ軍によるテサロニケ制圧は過酷に過ぎたとの噂が帝国に流れ、これをアンブロシウスも耳にする。このミラノ司教は、凱旋してきたテオドシウスを一喝し、このたびの遠征についての悔い改めを彼に求めたのである。

テオドシウスといえば、コンスタンティヌス帝の対キリスト教政策を推し進め、この宗教を単に公認するのではなく、それをローマ帝国の国教にした皇帝である。キリスト教からすれば恩人ともいえるわけだが、そのテオドシウスへのアンブロシウスの対応は、後者の宗教家としての自負をうかがわせる。すなわち、最高の政治権力者であっても、その魂の救済に責任を持つことができるのは、ローマ教会の聖職者だ、という自負である。それゆえアンブロシウスは、皇帝の罪深い振る舞いを放置しておけない。政治権力者の魂に責任を持つ聖職者という理念は、その後中世に入り、ローマ教皇主導のテオクラシー、つまり聖職者主導の現世統治が確立される過程で再び強調されるようになるが、ここでは、政治に対するキリスト教の優位を意識していた聖職者によってアウグスティヌスが回心へ導かれたことを確認しておこう。後述するアウグスティヌスの政治思想には、師アンブロシウスに由来すると思われる要素が見受けられるからである。

話をアウグスティヌスその人に戻す。キリスト教徒となった彼の資質は多くの人が注目するところとなり、彼は故郷・北アフリカに戻り、ヒッポの街で司教職に就く。そこで彼は、神学論争に、教会員の魂の配慮に、彼ら彼女らの日常的な相談事に、文字どおり八面六臂の働きを果たした。ところで北アフリカの教会は当時、地中海の対岸にあるイタリア半島のローマを中心にしたそれと、ぎくしゃくした関係にあった。とりわけ問題になったのは、「ドナトゥス主義」と呼ばれる信仰上の立場が、北アフリカでは強かったことである。

ドナトゥス主義とは何か。簡単に述べると、キリスト教の迫害期に「転んだ」ことのある聖職者、すなわち迫害に耐えかねてキリスト教信仰の放棄を認めたことのある聖職者が執行する宗教儀式（礼典・サクラメント）を無効だとする立場である。つまりドナトゥス主義者は、神を裏切ったことのある聖職者を不潔な存在と見なし、したがって彼らが司るサクラメントも汚れているとする宗教的純粋派だったのである。

しかも、このとき問われていたことは、ある宗教儀式が有効か否か、にとどまるものではなかった。まず、ローマ帝国の時の政策に大きく左右される教会とそれが教える信仰のあり方が、ドナトゥス主義によって批判にさらされた。そもそも宗教なるものは政治とどのように対峙すべきか。現代に至るまで明快な解答を見ない問いを、ドナトゥス派は提出していたのである。また宗教において客観的な制度や伝統といったものが意義を持ちうるのか、このこともドナトゥス主義はラディカルに問題視した。信仰を捨てたことのある聖職者がそれでもプロフェッショナルな宗教家としての資格を主張するとき、その根拠は、当の聖職者その人の資質というより（「転んだ」経験を持つ聖職者が二度と背教しない保証はないから、資質という点ではどうしても彼は失格だと判断せざるを得ない）、彼を聖職者として認定した教会の手続きや慣習に求められることとなる。しかし、正当なルールに則って職務に就いたことが強調され続けるとき、聖職者その人の倫理的緊張感が弛緩しがちになるのは避けられない。事実、迫害の嵐が過ぎ去るやいなや聖職に復帰するという破廉恥沙汰は、個人の修練ではなく教会制度を重視している結果ではないのか。ドナトゥス主義が示した問題群にはこのように、キリスト教において客観主義の余地を残すべきかどうか、というものまで含まれていたのである。

そして北アフリカに戻ったアウグスティヌスは、この宗教的純粋派との対決を通して、キリスト教神学と政治思想を、新しい次元に移行させることになるのである。

二　教会を確立する教父

さて、通常の思想史においてアウグスティヌスには、「教父神学」のチャンピオンという評価が与えられている。そこで、彼の「人と思想」を概観する本節においては、教父とは何かということに触れながら、このヒッポの司教の歴史的な位置づけを行おう。

各種事典で定義されていることをまとめるなら、教父とは、ペトロやヨハネといったイエス・キリストの直弟子以後、教会において正統的な教理を論理化し、かつ徳の高い生活を送った著作家たち、ということになる。著述に用いた言語から、ギリシア教父とラテン教父という区別もなされるが、本章が扱っている西方教会のラテン教父は、七世紀前半に活躍したセビーリャのイシドルス（Isidorus：五六〇頃－六三六）までを、そのカテゴリーに入れるのが通例である。では、そうした教父神学に対するアウグスティヌスの貢献はいかなるものであったか。本章ではそれを、「カトリシズムの確立」という言葉で表現したい。ローマ・カトリック教会の教理とそれが裏打ちする宗教共同体の強固な制度、その土台を築いたのがアウグスティヌスだ、ということである。

四世紀から五世紀にかけて、いわゆるゲルマン民族の大移動によって引き起こされたヨーロッパ世界の大混乱により、キリスト教会は、その地における人々の精神的拠り所となることを、以前にも増して迫られることになった。混乱期において人は何を信じるべきか、またいかなる共同体に所属意識を置くべきか、教会は明確なメッセージを発信しなくてはならなかったのである。そんな折、アウグスティヌスの主張は、カトリック教会の教理が新約聖書の中でも特にパウロの思想的方向性に沿って整理されるべきことを説くものだった。そしてその結果、客観主義というものをこの教会は強くアピールしていくことになる。

例を一つ挙げておこう。キリスト教も人々の救済に関心を向ける宗教である以上、「救済論」と呼ばれる神学各論が重要になってくる。そこでの一つの論点は、人間の救済は何によって達成されるのか、ということだが、ここでパウロは、罪人である人間の救済が神の一方的な恵み（恩寵）によることを強調した。新約聖書に収められたパウロ書簡「ローマの信徒への手紙」「ガラテヤの信徒への手紙」に記されているとおりであり、ここにキリスト教は、修行を積む、慈善活動に勤しむといった人間の側の主観的な努力で人は救済されるのではない、という認識を獲得することとなる。つまりここでは救済が、神の側の一方的かつ客観的な働きかけによるという客観主義のトーンを帯びることになったのである。

こうした神学的客観主義は、「教会論」という神学各論で最も発揮される。そして、客観主義の立場からキリスト教会が構想されるとき、この宗教共同体は政治共同体とのコントラストを意識することになるであろう。

新約聖書においてすでに、イエスの直弟子たちが彼らの共同体の意義や使命を意識し始めている記述がある。何よりもパウロ書簡では、イエスを救い主とする信仰が秩序ある共同体形成を伴うものであることが数個所で強調されている。しかし初代教会の時代、キリスト教徒の宗教共同体についての理論的反省はそれほどなされているわけではない。もっともこのことの責任は、当時のキリスト教徒の知的怠慢に求められるべきではないだろう。周囲からその存在を白眼視され、ときには迫害さえ被る彼ら彼女らにとって、喫緊の課題は宗教共同体を形成・維持することそれ自体だったからである。事実、こうした時代にあって教会を語ることは、弾圧に直面しながらもこれを受け入れ殉教していった教会指導者の、または名もない信徒たちの言行を物語ることとほぼ同義であり、教会に生きた「人」を述べることがそのまま、人びとに自身の共同体のあり方を考えさせることに連動していったのである。けれども、こういう仕方で宗教共同体を考えることは「心構え」を導き出せても、より体系的な教会「論」を構築することにはなかなか至らない。すべてが「人」の問題に集約されてしまう恐れがここにはある。

教会にかかわる関心が過度に「人」に向かうようになると、まず一方で、宗教共同体を首尾よく治める人物が無批判にありがたがられるということが生じる。その人物がたとえ当の信仰を共有していないにしても、である。そういう事態の例を、私たちはエウセビオスのコンスタンティヌス賞賛に見た。また他方で、宗教共同体に属する信徒と、とりわけその指導者に極めてハードルの高いモラルを要求するということも生じる。このこと自体決して批判されるべきことではない。けれどもモラリズムに走りすぎた人びとが往々にして、自身が想定し実践している基準を他者に強要し、結果として共同体内に果てしない分裂を引き起こしていく例もまた、歴史上枚挙に暇がないところである。事実その例こそ、ドナトゥス主義ではなかったか。

こうして私たちは、四世紀前後のキリスト教会が入り込んでいた袋小路の一側面を知ることになる。すなわち、宗教共同体の是非が過度に「人」に求められ、結果として、自律的な教会の持続に多大な困難が生じていたということである。さて、アウグスティヌスは以上のような問題を直視した上で、それに解答を与えた。結論を先に述べれば、彼は聖書から、教会を「キリストの体（corpus Christi）」として捉える見方を導き出し、それを強調した。つまり教会とは、信徒たちが奉じてやまないイエス・キリストの身体として現世に存在するのであって、それを構成する人間の思惑とは関係なく存在してきたし、存在しているし、そしてこれからも存在し続ける共同体だ、ということである。イエスを神とする信徒が信仰生活上の便宜を図って宗教共同体を形成したのではない。そうではなく、人がイエスを神と信じたとき、その人の自覚に関係なく、彼ないし彼女はすでに存在している「キリストの体」の肢体となることを許されたのである。教会はその意味で、客観的な共同体である。

三　時間の客観主義

ただし、結論の提示はただちに問題の解決を意味するわけではない。宗教共同体の客観性を主張することはよい。けれどもそのことがまさに、教会の堕落を引き起こす誘い水にはならないだろうか。つまり、教会の客観性ばかり強調すると、現実にその共同体を構成している聖職者や信徒は生活面で堕落していても構わないとされる可能性が高まるのである。倫理的生活の弛緩に対する開き直りさえ、ここでの客観主義は認めることになるのではないか。

さて、モラルの低下という問題に直面するとき、およそ客観主義に立とうとする共同体は通常、そこでの客観性を「高低」を伴った空間の、より正確には階層を伴った空間のイメージに引きつけて、問題の処理を行うものである。つまり、ここではまず、「高低」関係がはっきりした秩序として宗教共同体が理解される。先ほどから「高低」と述べているが、それは、要求される倫理がより「高い」水準にある者と、より「低い」それにある者とを意味している。その上で、「高い」地位にある者が「低い」地位に位置する者の言行を統御することで、一方では、客観主義的な共同体内に生じやすい倫理の弛緩に歯止めをかけ、他方では、倫理にかかわる問題が共同体全体に拡散しないようにするのである。

要するに、ここでのアイディアは、共同体の中で指導的な立場とそうでない立場とを区別し、後者が共同体そのものにとって攪乱要因になりうることを前提としつつ、だからこそ後者が前者の指導に服することで、共同体全体にかかわる秩序の形成と維持を実現していこう、というものである。そして、ここでいうより「高い」地位にあることを教会が「霊的」と呼び、逆により「低い」地位にあることを「肉的」と呼ぶとき、霊と肉の区分と格差、そして一方の他方に対する支配は、古代地中海世界で支配的だったギリシア思想にも適う。キリスト教会が、その後中世において開花するヒエラルキー的な内部構造を採用したのは、当時のローマの行政組織に学んだからだけではなく、自身が採用する神学固有の論理に従ったからでもあったのである。

以上、客観主義に立つ共同体固有の論理を概観してきた。ここでの論理は確かにアウグスティヌスその人によっても採用されている。壮大なヒエラルキー秩序を理念とするローマ・カトリック教会の礎をアウグスティヌスが築いたというとき、階層の存在を前提とした宗教共同体のあり方を彼が拒否したと考えるのは無理がある。ただし、特に政治思想への関心に照らし合わせるとき、アウグスティヌスという人物の意義は、彼が階層秩序という原理に貫かれた客観的な宗教共同体を構想したというにとどまらない。

階層秩序とは前述したとおり「上」に立つ者と「下」に立つ者、支配する者と従う者との区分を前提としているが、この区分を私たちが最もはっきり意識できる共同体があるとすれば、それは政治共同体、すなわち国家であろう。そしてここから多分に予想されるのは、宗教共同体のヒエラルキー的な構成を論じているだけでは、そこでの議論をいつの間にか、同様の構成を持った政治共同体に固有な論理が浸食してしまうことである。これに対しアウグスティヌスが注目に値するのは、彼が宗教共同体の客観性を論じたとしても、それが政治共同体の論理に回収され尽くせない、そういう視点をも用意していたことにある。

ここでの視点は彼の信仰の根幹にかかわる。早くからアウグスティヌスはパウロ書簡にも散見される「霊と肉」という概念に注目していた。もちろん「霊」はポジティブなニュアンスを、「肉」はネガティブなそれを持っている。しかしここでアウグスティヌスは、空間的なイメージにだけ引きつけて、これらの概念を理解しようとはしなかった。「霊」は何か「高い」次元にある実体ないしは力として、逆に「肉」は「低い」次元にあるそれらとして、聖書は必ずしも把握しているわけではない。そうではなく、ここでいう「肉」とは救済される前の「古い」人間性のことであり、反対に「霊」とは救済された後の「新しい」人間性のことではないのか。そう捉えると「霊」「肉」の葛藤にしても、従来いわれていたのとは別の様相を示すことになる。つまりアウグスティヌスによれば、現世にあっては一人の人間の中で、こうした新旧二つの人間性は混在しており、それゆえに両者の矛盾に人は苦悩するのである。だが、人びとの救済を説く聖書のメッセージはそこで終わらない。それは、終末における「新しい」「霊」なる人間性というビジョンを教会員に示しているのである。

こうして、アウグスティヌスは、時間という視点に立つ神学の構築に歩み出す。さしあたってこれは、イエスを信じる個々人の自己理解に由来する視点だったが、彼はそれを世界理解にも適用するようになる。時間の終わり、つまり終末においては、世界の秩序も「霊的に」完成される。神に嘉《よみ》せられる世界秩序は時間と歴史の彼方に完成を見るのである。そして、ここでの着想を宗教共同体にかかわる議論に引きつけるならば、この共同体においても重視されなくてはならないのは、「いま」「ここ」でのスタティックな空間的秩序だけではない。それに加えて、未来の完成を目指してダイナミックに進行する歴史を通じて出現する秩序、より正確には時間の彼方から到来する秩序、これこそが教会を考える際にも重んじられなくてはならないのである。

アウグスティヌスの教会論には、かくして、時間という契機を意識する客観主義が加味されることになった。現世における「キリストの体」は、たとえ主観的な純粋主義があるいは特定の宗教共同体のあり方を称え、あるいはそれを糾弾するにしても、いたずらに動揺することなく、時間の終わりに実現する完成に向かって歩む宗教共同体なのである。アウグスティヌスはヨーロッパ世界最初の歴史哲学者と呼ばれるが、それは彼が抽象的に歴史の本質を考察したということにとどまらない。キリスト教会の弁証という喫緊の課題を克服しようとしたとき、彼の視界に時間と歴史というものの重要性が浮上したのである。そして、ここで培われ始めた感覚は、現世を特徴づける変転という、ギリシア思想が不得手とする問題群を射程に収めることとなり、その変転を生じさせる要因の考察を彼に迫ることとなる。

四　政治思想のメタ理論――歴史哲学

アウグスティヌスの歴史観の特徴は、聖書にもとづいて、世界創造、つまり神による宇宙と人間の創造を起点とし、世界の終末という終点に向かう直線的な時間の経過に求められる。その中で特に重要なのは、アダムとエバが禁断の木の実を食して楽園を追われたという、人類の堕落の物語である。なぜなら、この堕落によって、アウグスティヌスいうところの「地の国（civitas terrena）」と「神の国（civitas Dei）」との分離が世界にもたらされたからである。のみならず、この二つの国は相克関係を生み、それが世界の歴史を単なる数量的な時間の積み重ねではなく、ダイナミックなものに仕立て上げることとなる。ただ、ここではまず、歴史にダイナミズムを付与しさえする「国」という概念を精査して、アウグスティヌスの政治思想を理解する糸口を明らかにしておこう。

最初に指摘すべきは、ここでいう「国」が今日の私たちが想定するような「領域」のニュアンスを弱めていることである。つまり彼にとっての「国」とは「人的な団体」であり、その限りでアウグスティヌスは、古代地中海世界に典型的な政治共同体の理解をひとまずは踏襲しているのである。

そもそもアウグスティヌスが「国」を考えるとき、彼はストア派の代表的な思想家・キケロ（Marcus Tullius Cicero：前一〇六－前四三）の理解に依拠している。そのキケロは「国」を、「まじわりの絆（societatis vinculum）」で結ばれた人びとのグループと考えている。ある領域を共有しているか否かは第一義的な問題ではなく、ある「絆」の存在を人びとが認めるとき、彼らは「国」を構成している、というのである。では「まじわりの絆」とは何か。キケロはそれを、法に対する合意と利益の共有に求める。つまりこのストア派の思想家によれば、これら二つが人びとの間でなされているとき、彼らは「国」を作り上げているのである。

キケロのこの考え方をアウグスティヌスも受け入れる。ただし、彼はそこにキリスト教的な語彙を組み入れて、再定式化を行った。「まじわりの絆」はつきつめると結合意志であり、それをキリスト教では「愛」と呼んでいる。つまり「国」とは、愛によって結ばれた人びとのグループなのである。すぐ後で検討するように、アウグスティヌスの「国」概念には「愛」という言葉が関係しており、今日の私たちを戸惑わせる。しかし、そこには「国」と呼ばれる政治共同体を何とかしてキリスト教神学の対象に取り込もうとする、聖職者らしい意図が働いていたといえよう。

さて、ヒッポの司教は、二種類の「愛」が現世には存在している、と説く。一つは「自己愛（amor sui）」であり、要するにエゴイズムである。ここでの「愛」も、確かに人びとを結びつける。しかし、その帰結は当然のことながら悲劇的なもので、その代表例が、他者を平気で傷つける「支配」に他ならない。こうした「自己愛」で結合された人びとのグループをアウグスティヌスは「地の国」と呼び、これを否定的に評価するのであった。ただしもう一つの「愛」が存在することも、彼は決して忘れはしない。それは「神への愛（amor Dei）」である。この「愛」で人びとが結合されるとき、彼ら彼女らは互いに謙遜をもって接し、理想的な和合を実現するであろう。そしてここで成立するグループをアウグスティヌスは「神の国」と呼ぶ。

以上の文脈からすれば「失楽園」とは、現世における「愛」が否定的なものと肯定的なそれとに分かれ、それぞれの「愛」が人びとを別個に結びつけることとなった時間的起点となる。そして歴史と呼ばれるものは、二つの「愛」とそれらが生み出す「国」の、時間の経過の中におけるせめぎ合いなのである。こうしてアウグスティヌスは、歴史のダイナミズムが「国」と称せられる客観的な人間集団を主体として、時間の終わりまで持続することを説くのだった。

ここまで述べてきたところで、互いに関連する二つの注意事項を指摘しておく。第一に、アウグスティヌスの考える「国」は古代地中海世界に特徴的な人的団体だということが、再度強調されなくてはならない。つまりそれは、「ここからが『神の国』だ」「ここからは『地の国』だ」と地理的空間的に把握できるものではないのである。繰り返しを厭わずこの点に触れたのは、時として、キリスト教会を「神の国」に、世俗国家を「地の国」に、それぞれ直接的に結びつけてしまう誤解が見られるからである。これに対しアウグスティヌスは、教会の中に偽善者が、世俗国家の中に聖なる人が存在することを否定していない。せいぜいいえるのは、教会が「神の国」を、世俗国家が「地の国」を現世にあって代表する、ということである。さもないと、二つの国の歴史における相克を説いた彼の意図がわからなくなる。

このこととの関連でもう一点指摘したいのは、二つの国は結局のところ、終末時において明確に区分され、「神の国」が勝利をおさめて、現世全体を、否、宇宙全体をカバーする、ということである。そして、その希望を現世において知っている唯一の共同体だという自覚こそ、「キリストの体」としての教会に、歴史上の有為転変に屈することなく、自律的に歩もうとする動機を与えるのである。いい換えれば、その終末に至るまで宗教共同体は、歴史を支配していると僭称してやまない「地の国」との折衝を回避できないであろう。聖職者アウグスティヌスは信徒に、喜びと忍耐を共に教える師だったのである。

五　罪の矯正装置としての政治

私たちは以上、アウグスティヌスの歴史哲学の内容を見てきた。しかし、ここでの確認はあくまで、彼の政治思想の前提を明らかにすることを目的としたものである。そこで残された紙幅で、「地の国」を代表している世俗の政治共同体とその中核をなす政府を彼がどう理解していたか、またその意義は何かを検討してみよう。

ここでも結論から述べるなら、アウグスティヌスは世俗の政治共同体なり政治権力を、人間の「罪に対する罰ないし治療策（poena et remedium peccati）」として捉えていた。要するに、罪の矯正装置として国家や政府を彼は思い描いていた、ということである。

何ともペシミスティックな理解だが、もちろんそこにはアウグスティヌスの神学が関係している。ここでも考察の出発点になっているのは聖書で、彼は、旧約聖書の冒頭にある創造物語に着目する。それによると、確かに神はエデンの園で最初の男アダムに対し「支配せよ」と述べている。しかし、この言葉が発せられたとき、最初の女エバはまだ造られていない。彼女はその後「人がひとりでいるのはよくない」と神が考えて、アダムのあばら骨から創造されることになるのである。だとすれば、神が当初人間に対して「支配せよ」と命じた対象は、そのときまでに創造されていた動植物だけで、人間ではないということになる。つまり人間は楽園では決して、他の人間を支配することを命じられなかったし、支配することもなかったのである。

にもかかわらず、現世には、人間による人間の支配が存在する。何よりアウグスティヌスの時代には、その集中的表現ともいえる奴隷制度があった。そうした現実を念頭に置きながら、彼は推論を進める。およそ人間による人間の支配とは、失楽園後に、すなわち人間が堕落した後に発生した事態なのだ。それが「政治」や「統治」と呼ばれるにしても、である。そう考えるとき、アウグスティヌスの目には、政治権力者と呼ばれる人間が他の人間を支配することも、体《てい》のよい奴隷制度として映ることになる。政治とはつまるところ奴隷制度だ、とは身も蓋もない理解ではあるが、ここでの見方を延長させていくとき、現世において支配を組織化し正当化する国家や政府の評価が暴落をきたすであろうことは、容易に想像がつくところである。事実アウグスティヌスは、次のように述べている。


こういうわけであるから、正義が欠けていれば、王国は大盗賊団以外の何であろうか。というのは、盗賊団も小さな王国以外の何であろうか。盗賊団も人間の小集団であって、親分の命令に支配され、仲間同士の協定にしばられ、分捕品は一定の原則にしたがって分けられるのである。もしこの悪（人の集団）がならず者の加入によって大きくなり、場所を確保し、居所を定め、都市を占領し、諸民族を服従させるようになると、いっそう歴然と王国という名称を獲得することになる。この王国という名称は欲望を取り去ることによってではなく、罰を受けないことが度重なることによって、いまや公然と（世の中に）認められるのである。

（アウグスティヌス、二〇一四年、一八二頁）

正義の完全な達成がない以上、アウグスティヌスによれば、およそ人間が作り上げる政治共同体というものは「大きな強盗団」ということになろう。ここに、政治と国家にかかわる評判は、アウグスティヌスによって徹底的に失墜させられた。しかし、政治思想史の探究においてこのヒッポの司教の存在が無視できないのは、まさに彼の政治批判のゆえなのである。どういうことか。

アウグスティヌスは、政府や国家というものに対する新しい見方をヨーロッパ人に教えた。すなわち「リアリズム」の視点からする政治の把握である。現代に至るまで、およそ政府や国家というものが身にまとおうとしてやまないもの、それは道徳性という衣装である。「この国家に身を捧げることは倫理的に善である」、こういった主張に歴史は事欠かなかった。これに対しアウグスティヌスは、そうした道徳性の衣装を政治共同体から剝ぎ取ったのである。

なるほど、堕落に由来する政治とそれが組織化された国家を、彼は全否定しているわけではない。アウグスティヌスはある書簡で語る。

人間的無謀が法の威嚇によって抑えられ、その結果、悪人どもの間にあって無実が救われ、悪人ども自身、かれらの勝手気ままな振る舞いが処罰の恐怖によって抑制され、神への愛によって矯正されることは、無益なことではない。（柴田平三郎、一九八五年、二四七頁）

だが、それにしても、ここでの「無益なことではない」という二重否定は、積極的な政治の弁証にはおよそ似つかわしくない表現である。この点については、アウグスティヌスその人もその空気を充分に吸っていた、古代地中海世界における政治観を思い起こすだけでよい。古代地中海世界。そこでは主として、世俗の政治生活に参加することがそのまま、人間としての完成を意味していた。その代表例を私たちはアリストテレスに見いだす。彼は「人間はポリス的動物である」という有名な命題に続けて、「ポリスを必要としないのは、神か野獣である」と語り、人間が人間であるために政治という営みが必要不可欠であることを説いていたのではなかったか。

これに対しアウグスティヌスは、政治生活にそこまで熱い思いを抱くことができない。むしろ、「神の国」を代表する宗教共同体に真摯にコミットし、罪の矯正機関にすぎない政治共同体と距離を保つことに、彼は価値を求めている。換言すれば、かつては人間性を開花させる営みとさえ目された政治から解き放たれること、権力から自由であることが、決してわがままや自己中心を意味せず、それどころか、本来相対的なものにすぎない権力に縛りつけられないことが実は人間にとって尊いことだとする、そういう自覚の芽生えをアウグスティヌスは、ヨーロッパ世界にもたらしたのである。

六　政治共同体と終末を目指す信仰共同体

さて、アウグスティヌスの政治思想史上の意義ということで、もう一点だけ述べておこう。先述したとおり、彼にあっては、国家と教会はそれぞれ「地の国」と「神の国」を代表するという理解にとどまっていた。国家イコール「地の国」、教会イコール「神の国」ではなかったのである。しかし時代は移る。アウグスティヌスは古代世界最後の思想家といわれる。そして彼の死後、しばらくの混乱期を経て中世が始まる。キリスト教の影響の強い中世。そこにあってはついに、神の国とその地上における代表である教会が究極的な価値を担うものとして、現世の国家よりも「高級」なものと見なされることになっていく。国家イコール汚れた「地の国」、教会イコール聖なる「神の国」という図式が、人びとに共有されるのである。

もちろん、そのこと自体は引き続き政治思想的に意味がある。つまり、国家に対する教会の優位ということで、国家権力の批判的検討が持続的になされるからである。しかし、あまり語られるわけではないが、教会と国家の区別そのこと自体に潜む問題も存在するのではないか。

新約聖書が焦点を当てるイエス・キリストの中心的メッセージ、それは第2章で触れたように「神の国の到来」だった。ところでここで留意したいのは、イエスが神による人間救済の完成を「神の『国』」という表現で述べていることである。イエスその人も古代地中海世界に生を受けている以上、ここでいう「国」は今日的な領域国家を意味するのではないだろう。けれども、やはり「国」なのである。宗教的な共同体のイメージではなく、政治的な共同体のイメージを、イエスは自分の中心概念として採用している。いい換えると、教会のイメージではなく、国家のイメージにおいてこそ、人間と世界の救済にかかわるイエスのビジョンはより明確になるのである。したがって聖書のメッセージは、何か「永遠の教会」だけを理想化しているわけではない。「永遠の国家」も、キリスト教徒にとって目指すべきものなのである。

このことは逆にいえば、こうなる。すなわち、これから述べていくように、中世においてキリスト教会は「国家」にかかわるイメージにたびたび訴えて発言力を強めていくが、それは決してユダヤ・キリスト教の伝統からの逸脱とはいい切れないのである。現世を秩序づけている権力や政府そして国家の相対化は、およそ抽象的な理念だけで達成されるはずもなく、むしろ内部にそれらへの親和性を強く意識する宗教共同体の存在を待って初めて可能になったともいえよう。

第3部

中世教会史と政治

古代末期に思い描かれた政治と宗教の協働という理念は、九世紀に再興された「西ローマ帝国」の中で一定の実現を見た。そこでは、皇帝と教皇が相互依存の関係に置かれていたからである。後に、ここでの協働が行き過ぎを示す場合も生じたが、その時は、両者を改めて区別しようとする動きが起こった。その過程で教会は組織性を強め、名実共にこの帝国を支える柱となっていく。こうして、政治以上に宗教の力で統合されるようになった西欧世界は、他宗教が支配的な世界を意識し、これを平定しようとする十字軍運動を引き起こす。運動は目的を達成できなかったが、そこには、キリスト教とは別の知の存在を西欧人に自覚させるという副産物が伴っていた。また、現実レベルでも諸国家が教会の指導を脱し始めるようになる。近代国民国家が台頭する背景には、教会の普遍的な威信の低下が関係していたのである。

第5章　キリスト教帝国としての中世西欧世界

一　教皇ゲラシウス一世の書簡

五世紀の末、東ローマ帝国において、一つの神学論争が生じていた。キリスト論をめぐっての論争である。教会はイエス・キリストを礼拝しているが、そのイエスは神でもあり人でもある、と聖書は説く。これをどう理解するべきかがこのたび問われたのである。

しかし、本書の課題に照らし合わせるとき、重要なのは論争の中身それ自体ではない。私たちが目を向けたいのは、東ローマ皇帝が聖職者たちの会議を開くなどして論争を決着させるための主導権を握ったことと、そのことに対する人びとの受け止め方である。特に旧西ローマ帝国領内に住むキリスト教徒たちは事態を重く見た。この時代、「永遠のローマ」を擁する西ローマ帝国はゲルマン人の傭兵隊長オドアケル（Odoacer：四三三－四九三）によって滅ぼされた。西方世界は混乱をきたす。西方世界に生きるキリスト教徒たちにとっても、いまや唯一頼みにできる政治権力者は東ローマ皇帝ということになった。けれども、その皇帝は宗教に対しても強い発言力を持っている。政治が宗教をコントロールするという事態は果たして妥当なことなのだろうか。

こういう問題意識が改めて強まる中、西方世界の宗教的指導者であるローマ教皇ゲラシウス一世（Gelasius I：在四九二－四九六）は、東ローマ皇帝アナスタシウス一世（Anastasius I：在四九一－五一八）に書簡を送る。少し長くなるが、引用しておこう。

さて、偉大なる皇帝陛下、それによって現世が治められるものが二つあります。すなわち、聖職者が持つ聖なる権威と、王の権力です。二つのうちでは聖職者の方がより大きな責任を負っています。というのも聖職者は、神の裁きの座の前で、王の位にあった人びとのために申し開きをしなくてはなりませんから。寛大なる我が子よ。威厳という点ではあなたは人間の中で筆頭に挙げられますが、あなたは、神の業を果たす卓越した人びとに恭しく従い、そしてあなたが救われる根拠について彼らに尋ねています。あなたは、宗教にかかわることにおいて、人に従う立場にあることを知るようになるでしょう。特に、サクラメントを受け、それを適切に執行することに関してです。それゆえ、いま述べたことについてあなたは、彼ら聖職者の判断を信用しなくてはなりません。彼らにあなたの意志を押しつけようとしてはならないのです。しかるに宗教を管轄する者であっても、公的な原則が要求される場合、皇帝であるあなたが定めた法に従います。それは、神の摂理があなたに帝国をお与えになったことを知っているからであり、些細なことであってもあなたが下した判決に抗おうとしていると思われないためです。

（O. & J. L. O'Donovan, 1999, 179）

このテクストのポイントは数点指摘できるであろう。

第一に、ゲラシウスは現世を秩序づける権能が二つ存在すると述べている。それは、ローマ教皇が有する権威（auctoritas）と皇帝が有する権力（potestas）である。着想のもとになったのは、新約聖書「ルカによる福音書」二二章三八節である。そこには、いわゆる最後の晩餐の場に二振りの剣があったことが記されており（ゲラシウスの議論が「両剣論」とも呼ばれる理由である）、それらがここでは、教皇権と皇帝権を暗示するものとして解釈されている。

第二のポイントは、それら二つの権能が互いに独立している、ということである。なぜ両者はそれぞれ独立しているのか。それぞれが神に、直接的に由来しているからである。

第三に、霊的領域においては皇帝が「教皇の子」と目されていることを確認しておきたい。最高の政治権力者といえども、教会の権威には服従しなくてはならないのである。逆に、現世的・政治的事項においては教皇も皇帝の権力に従属しなくてはならない。

そして第四に、教皇権と皇帝権の両者が、互いに、神の業のために協力しなくてはならない、という点が挙げられる。

以上、ゲラシウスのテクストを四つの論点にまとめた。いささか長い引用を行い、その敷衍さえ行った意図は、西欧中世の政治思想がこのゲラシウス理論の受け止め方の歴史といっても過言ではないためである。事実このテクストには、今後の西欧において政治と宗教の問題をどう規定すべきかについて、最終解答が示されているわけではないにしても、その問題にはどういう論点が存在するのかについて、比較的はっきりとした論及がなされている。中世政治思想の参照基準が、ゲラシウス理論なのである。

さて、ゲラシウス理論で説かれていたことが、西欧中世の政治思想に今後どのように反映されていくかは、折に触れて指摘していくことになろう。それゆえここでは、このテクストそれ自体の意義というものを考えておきたい。

二　ゲラシウス理論の意義

最初に取り上げたいのは、このテクストが「非政治的なるものの存在とその正当性」を時の政治権力者に対してはっきりと突きつけた、という論点である。

確かに、新約聖書が記録するイエスの言動が、すでにこのことに触れてはいた。たとえば「ルカによる福音書」二〇章二〇節から二五節には、次のような記事がある。

彼ら〔ユダヤの宗教指導者たち〕は、正しい人を装う回し者を遣わし、イエスの言葉じりをとらえ、〔ローマ〕総督の支配と権力にイエスを渡そうとした。回し者らはイエスに尋ねた。「〔中略〕私たちが皇帝に税金を納めるのは、律法に適っているでしょうか、適っていないでしょうか。」イエスは彼らのたくらみを見抜いて言われた。「デナリオン銀貨を見せなさい。そこには、だれの肖像と銘があるか。」彼らが「皇帝のものです」というと、イエスはいわれた。「それならば、皇帝のものは皇帝に、神のものは神に返しなさい。」

紀元一世紀の初め、帝政ローマがパレスチナを支配している事実を追認すれば、民族の独立を願っているユダヤ民衆の信頼を一気に失うことになる。しかし同じ事実を否定すれば、ただちにローマの官憲に引き渡される。典型的な二股論法の罠をイエスが脱した場面であるが、これは同時に、強大な政治権力といえども手を出すことのできないものが現世にはあるということを、イエスが人びとに示した場面でもあった。新約聖書には他にも、ローマへの反逆を画策しているとの廉《かど》で取り調べを始めたローマ総督ピラトに対して、イエスが述べた印象的な言葉「私の国は、この世には属していない」(「ヨハネによる福音書」一八章三六節)を書き留めている。キリスト教徒が礼拝するイエスは、そもそもからして政治を対象化し、これと距離を保とうとしていたのである。

非政治的なるものの存在とその正当性、これはまたアウグスティヌスが説いていたところでもあった。前章で指摘したとおりである。彼の場合、その主張はユニークな歴史哲学にもとづいてなされていたが、終末時に出現する世界の完成に際しては、現世を秩序づける政治という人間の営みは発展的に解消されるべきものだったのである。

このように、早くからキリスト教は政治の頸木《くびき》を脱しようとする理念を用意していた。しかしイエスが示した政治観を人びとがただちに支持したわけではないし、また、アウグスティヌスにしても、彼は北アフリカの一聖職者であった。ところが、このたびの両剣論を主張しているのはローマ教皇である。西方世界におけるオフィシャルな宗教指導者が、東方世界におけるオフィシャルな政治指導者である東ローマ皇帝に向けて著した文書が、ゲラシウス理論なのである。だとすれば、そこで述べられている思想の深さや斬新さはともかくとしても、メッセージの正統性という点で、このテクストは他のテクストと同列には論じられない重みを有していたといえる。だからこそ、繰り返しになるが、この理論は中世において政治が論じられるとき、およそ無視できないスタンダードとなったのである。

と同時に指摘しておきたいのは、このゲラシウス理論が、聖書やアウグスティヌスに見られた政治思想的メッセージを一定の理路に流し込んだのではないか、という問題点である。端的にいって、ゲラシウス理論以降、「非政治的なるもの」と「政治的なるもの」との関係は、現時点における「空間的な（形而上学的な）」問題として処理されるようになっていく。すなわち、両者のうち、どちらが「上」でどちらが「下」なのか、そのことに政治思想的考察が向かうということである。

振り返ってみると、ゲラシウスその人は、「非政治的なるもの」を担う教皇と「政治的なるもの」を担う皇帝のどちらが上位に立つべきかについて、言明を行ってはいない。世界が神の摂理のもとにあることを、聖職者として当然のことながら前提としつつも、宗教が直接的に関与すべきでない世俗の領域が厳として存在することを承認する点で、このローマ教皇は、自身の権能に関して抑制的でさえある。古代地中海世界を特徴づける「政治的なるもの」の価値的優位に対して、教皇ゲラシウスは「非政治的なるもの」の価値を少なくとも同等の高さに持ち上げようとしている。ということは、世俗権力と宗教的権威とが対等の関係に立ち、両者が協力し合って現世を秩序づけていく世界を提示できれば、彼の意図は満たされたのかもしれない。

だがこのとき、ゲラシウスの視野から失われ始めていたものがある。歴史の終わりに世界の完成が果たされ、そこで政治が発展的に解消されて神による理想の統治が出現するという、時空の限界を超えた壮大なビジョンである。その終焉を予想しない歴史はそれ自体絶対化し、結果として、私たちが歴史の中を歩んでいることをも忘れさせる場合がある。そしてそこに、（これまた旧約聖書が物語る）世界創造時に人間が置かれた楽園への憧憬が加わるとき、人は「永遠の昨日」に生きるべき存在と目されることになろう。将来に向けての出発点ではなく、過去からの到達点として現在が受けとめられるようになるとき、政治にかかわる考察もおのずと、引き継がれてきた価値や秩序を現在をいかに維持するのかという線でなされていくことになる。ゲラシウスの理路で論じられていく中世の政治思想が、結局のところ保守的性格を払拭できないとされる理由はここにある。

三　フランク王国の台頭

西欧史で最も興味深い事例の一つは、いま述べたゲラシウス理論の現実化かもしれない。宗教的権威と政治的権力が協働して世界を作り上げ、秩序づけていく。古代の終わりに一人のローマ教皇が思い描いたこのビジョンは、九世紀の初めに実現を見る。ローマ教皇によって、フランク王国国王、カロリング家のカール（Karl I, der Grosse：七四二－八一四）がローマ帝冠を授けられた出来事によって、である。そこでしばらく、この出来事の意義を浮かび上がらせるためにも、古代西ローマ帝国崩壊後のコーロッパ世界の歩みを一瞥しておこう。

四七六年、オドアケルがロムルス・アウグストゥルス帝を廃したことで、古代西ローマ帝国は滅んだ。名声を誇った政治体の消滅によって、西ヨーロッパは群雄割拠の様相を呈することになる。そんな中、今日のフランスと多分に重なるガリア地方を支配していたフランク国王、メロヴィング家のクローヴィス一世（Clovis I：在四八一－五一一）はカトリック教会が正統と見なすキリスト教に改宗した。これが、その後のフランク王国の威信を高める契機となる。

フランクもそこに属しているゲルマン諸民族は、四世紀の終わりには旧西ローマ帝国領内に勢力圏を築いていたが、その際一つの問題があった。彼らゲルマンが受容していた宗教は、キリスト教であっても、古代の公会議が異端と断じたアレイオス派のそれだったことである。そうなると、武力に物いわせて旧西ローマ帝国内の各地を治めようにも、なかなかうまく事が運ばない。そこに以前から居住する旧西ローマ市民からすれば、ゲルマンの支配者はただの蛮族にとどまらず、宗教的異端の政治権力者でもあったからである。逆に、支配者のゲルマン人が、旧ローマ市民と同じく正統とされる宗教を信じるようになれば、被支配者から、精神的一致にもとづく統治への協力を期待できるであろう。この点を狙ったのが、今回のクローヴィスの改宗であった。

この改宗は、もちろんカトリック教会にとっても朗報であった。西ローマ帝国の崩壊がカトリック教会の地盤を弱めることになったのはいうまでもないが、何より教会は、勢いづくゲルマンと歩調を合わせるかのように旧西ローマ帝国領内にアレイオス派の信仰が広まっていることに、頭を悩ませていた。そんな中、カトリックの政治勢力がガリア地方に台頭してきたわけであるから、教会はこれに大きな期待を寄せる。事実、フランク王国が、アレイオス派のキリスト教を奉じる周辺ゲルマン諸部族と戦闘に入るとき、教皇はこれに「聖戦」のお墨つきを与えて、陰に陽にフランクを支援した。

このように、教皇とフランクとの蜜月はすでにメロヴィング期には始まっていたが、この関係を決定的なものとしたのは、八世紀の半ば、フランク王国内で生じたクーデタである。教皇からの支援も得て、西欧に勢力圏を広げたメロヴィング家のフランク王国ではあったが、その勢いが足踏みする時代が生じた。メロヴィング家は八世紀、政治力の点で劣る国王を続けて輩出することになった。このままだと王国全体の地位が低下する。そういう危惧の念を人一倍強く持っていたのが、国王の重臣で「宮宰」職に人を送り出してきた名門カロリング家である。そこで七五一年、カロリング家のピピン三世（Pipin III：

七一四－七六八）はクーデタを決行する。彼は、メロヴィング家のヒルデリヒ三世を廃して、自ら王位に就いた。

さて、およそクーデタという企てが大変なのは、政権を奪取してから後のことがあるからである。今回ピピンは首尾よく、フランク王国における最高政治権力者の座に就くことができた。しかしこの時点で彼が行ったのは、実力でもって権力を奪い取っただけのことである。そこでピピンは、自身が新たに得た政治権力の正当性を宗教に求める動きに出た。すなわち彼は、ローマ教皇ザカリアス（Zacharias：在七四一－七五二）に訴え、国王としての立場を認めてもらうことに成功する。もちろん教皇に対する返礼も忘れてはいない。ピピンはイタリア中部に軍を進め、ローマ市周辺を治めていたランゴバルド族を討って、教皇の安全強化に大きな貢献を果たした。こうしてピピンのクーデタは、教皇にとっても新しいフランク王権にとっても、双方に満足のいく帰結を伴ったのである。

ここまでの説明で強調したかったのは、フランク王国が台頭する過程で、西ヨーロッパにおける世俗の政治権力が新しい正当化根拠を意識するに至った、ということである。つまり宗教による正当化である。洋の東西を問わず、王権という政治権力は往々にして、「血のカリスマ」に立脚する。先代の国王と血縁関係にあるということに、次代の国王の権力は、その正当化の根拠を見いだすわけである。しかるにピピン以降、少なくともフランク王権は、教皇という宗教的職務による承認が、血縁以上に政治権力をオーソライズできることを学習した。そして、この「職位カリスマ」が律する世俗の政治権力がヨーロッパ世界大で認知された出来事こそ、ピピンの子であるカール大帝（シャルルマーニュ）の戴冠だったのである。

四　「西ローマ帝国の再生」とその意味

紀元八〇〇年の年末、おもに北イタリアやドイツで勢力を誇っていたゲルマン諸部族を打ち破ることで西ヨーロッパ全体を平定したばかりのカールは、ローマ市内にある教会に足を運んだ。そこでなされるクリスマス礼拝に出席するためである。しかるに、そこでカールを待ち受けていたのは、時の教皇レオ三世（Leo III：在七九五－八一六）であった。レオはカールに歩み寄り、用意していたローマ帝国皇帝の冠を彼に授ける。教皇と「新皇帝」を取り巻いていた人びとが歓喜の声を上げたことはいうまでもない。……これが、当時の記録などを通じて私たちが知っている「西ローマ帝国再生」の瞬間である。

さて、劇的にすぎるこの出来事それ自体の内実を、ここであまり詮索する必要はないだろう。しかし、この出来事が含意していることの理解は、これから本格的に西欧中世の政治思想を検討しようとしている本書にとって、とても重要である。私たちが「西ローマ帝国の再生」に見ているのは、何といっても、宗教と政治の相互依存関係の成立だからである。レオがカールに帝冠を授けたことが意味するのは、教皇による皇帝の権威づけであり、逆に、カールがレオの提案を受け入れたことが意味するのは、皇帝が教皇をガードする役割を引き受けたということなのである。

九世紀の西欧人によってコンセンサスが得られたのは、宗教と世俗政治にかかわるこうした関係を土台にした、新しい政治的文化的単位のあり方であった。そして、西欧の地に花開くこの単位こそ、「中世キリスト教世界」とも意訳可能なコルプス・クリスティアーヌム（Corpus Christianum）と称せられるものに他ならない。この単位にして世界の特徴は、それが、宗教のコントロールに責任を持つ教皇権（教権）と世俗政治のそれに責任を持つ皇帝権（帝権）という、二元主義的な権能によって秩序づけられていることに求められる。西欧中世世界が二つの中心点を持つ楕円的統一体だといわれる理由が、ここにある。

そう考えると、八〇〇年のクリスマスは、一つの世界の誕生日ともいえる。そして産声を上げたばかりの「西欧」中世世界を目撃している私たちは、その対概念となる「東欧」世界をも意識する。これまでの文脈から考察されるべき「東欧」。それは、ヨーロッパ現代史において旧ソヴィエト連邦の影響下に置かれた地域を指すものではない。そうではなく、前述した楕円的統一体に含まれないヨーロッパ世界がここでいう「東欧」であり、具体的には東ローマ帝国、すなわちビザンティン帝国がそれである。「東方」「東方世界」とも呼び習わされている。

その東方世界だが、コルプス・クリスティアーヌムという概念に照らし合わせるとき、その中世史における意義は明らかになろう。つまりそこは、エウセビオスの思想を検討する中で予感した皇帝教皇主義の強い空間だと目されるのである。このとき問題になっているのは、東方世界における教会の自律性であり、換言すれば、西方世界と対比される東方世界では、いかなる政治権力であっても必要とする正当性を、当の政治権力以外の主体が付与できたのであろうか、ということである。問いに対する解答が否定的だと、超越的な価値や理念にコミットする宗教的権威が、世俗政治の権力を牽制するということが、およそ期待できなくなる。こうして、政治権力を問い直すチャンスが理論上比較的広く開かれている世界としての西方と、そうではない東方という図式が確立することになるのである。

五　中世皇帝権の確立とその問題

カールの戴冠によって「再生」した西ローマ帝国が曲がりなりに一定の期間維持されたのは、カールその人の個人的な資質によるところが大きい。したがって、彼が没するとこの新しい帝国には一気に遠心力が働くこととなる。そしてそこに、フランク族に独特な相続形式が関係してくる。つまり、そこでは嫡男すべてに等しい相続権が認められており、この結果カールの血を引く男子の数に応じて、帝国は細分化されていくのである。大帝の子孫たちが八四三年にヴェルダン条約を結ぶなどしたこともあって、「再生」した「西ローマ」帝国は一〇世紀ともなると、早くも東西そして中部の国家に分裂する。今日のドイツ・フランス・イタリアの領域的基礎が築かれたわけであるが、九一一年にはついにカロリング家自体が断絶するに至る。

しかし、一〇世紀の半ば、ドイツの地に新しい政治勢力が登場する。ザクセン家がそれである。特にその家門から輩出されたオットーは九六二年、教皇ヨハネス一二世によって冠を授けられ、オットー一世（Otto I：在九六二－九七三）として帝位に就いた。後代、神聖ローマ帝国（Heiliges Römisches Reich Deutscher Nation）と呼ばれることになる政治的単位が、ここに成立する。

名実共に帝国としての体をなすべくオットーは国制上の整備に乗り出すが、ここで興味深いのは、彼が帝国の統治にあたりローマ・カトリック教会の聖職者を活用したことである。世俗の統治に宗教家が利用される。私たちなら訝しむところではあるが、そこには背景があった。

第一にそこには、カロリング期以来の教会のあり方が関係していた。すなわちカール大帝の時代より特にドイツの地では、世俗為政者が教会の問題に関与することが法的にはともかく、事実としては黙認されていたのである。八〇〇年以来、理念上は教権と帝権の協働を通じて自己形成を果たしていこうとする西欧世界ではあった。けれども、その理念を確固たるものにするだけの知的資源はまだまだ不十分で、結果として、より大きな権勢を振るう政治権力者が登場すれば、彼が宗教の問題に口出しすることを教会は追認するしかない。他ならぬカール大帝その人も、信仰の擁護者という自負のもとに、たびたび教会の問題に干渉している。

第二に指摘しておきたいのは、「私有教会制度」である。旧西ローマ帝国領内に進出したゲルマンの地方豪族たちの中には、自費で、自分の領内に教会堂を建立し聖職者を雇う者が少なからず存在した。奇特といえば奇特な話だが、要は、人心の安寧を図ってのことである。宗教に深く帰依すれば民衆の心も穏やかになり、支配者に対して不穏な感情を抱くことも減るであろう。そういう思惑が豪族たちの間になかったと想定するのには、やはり無理がある。いずれにせよ、世俗為政者が宗教に責任を持つという考えは、西欧の地において根絶していたわけではなかったのである。

さて、交通網や通信網そして官僚組織が未発達だった当時、皇帝の中央権力はその称号とは不釣り合いなほど、地方に浸透するのに大きな支障をきたしていた。そのため地方の行政はどうしても、その地に影響力を持つ豪族を信頼して、これに任せることが多くなる。だが地方の豪族は中央の皇帝に常に忠誠心を抱くわけではない。むしろ、皇帝の信任が地方における自身の権力を正当化していることを、彼ら豪族は軽視しがちである。それゆえ、一元的な帝国の統治を目指す皇帝としては、これら豪族ではなく、中央権力に強い忠誠心を保持してくれる地方行政の担い手を他に探し求めることとなる。

ドイツ皇帝が目をつけたのは、各地の司教や修道院長といった高位聖職者だった。そこで皇帝は、各地の高位聖職者と彼らの近隣に位置する豪族との結びつきを分断した。私有教会制の伝統もあって、豪族は高位聖職者の保護を担当していたが、その役目を皇帝が代わって請け負おうというのである。もちろん、この申し出だけで、長い時間の中で培われた豪族との関係を、高位聖職者が断ち切るはずはない。そのため、二の足を踏んでいる各地の高位聖職者たちに、皇帝は次なる「アメ」を提示することになる。各種の自治権である。司教領や修道院領内で通用する裁判権・築城権・課税権・貨幣鋳造権などを広く認めることを、皇帝は高位聖職者たちに約束した。

こうして、帝国の各地方で相対的に豪族の影響力は低下し、それと反比例して聖職者のそれが高まっていく。当初、自身のプレゼンスが低下することを察した地方豪族だったが、折悪しく、マジャール人ら異民族が東方からドイツに攻め込んでくる中にあっては、皇帝と良好な関係を保って防衛線を構築する必要がある。豪族たちはただただ事態の推移を追認するしかなかった。結果として、皇帝が認可する諸特権を享受しようとする聖職者の数は増えていった。引き換えに、自身に多大の恩義を感じた聖職者たちに皇帝は忠誠の誓いを立てさせる。またこのとき、自身が彼らの任命権を握っていることを認めさせる。その上で皇帝は、聖職者たちを各地に配置して、ドイツの隅々にまで直接的な支配権を及ぼそうとした。「帝国教会政策」と呼ばれる国家経営である。

六　帝国教会政策の意義と問題

帝国の一元的な統治を目指すに際して、聖職者を特に地方行政官として活用する。これは当時にあっては、斬新なアイディアだったと、ひとまずは評価できよう。

第一に、高位聖職者がそこに属するカトリック教会は、ドイツ全土をカバーする統一的な組織を具備している。かの地では慢性的に、豪族が代表する諸部族による群雄割拠の状態が続いていたが、これに対し教会は、部族の枠を超えたネットワークを有していた。だから、ひとたびこれを掌握すれば、世俗為政者はそこから共通の政策遂行意志の調達を期待できたのである。

第二に、聖職者は当時にあって非常に貴重なスキルを身につけていた。すなわち、聖書や祈禱書などの読書を通じて培われた読み書き能力である。識字率の低い時代にあって、とりわけ地方行政は、たとえば村の長老といった人びとの記憶から引き出される先例にもとづいてなされるケースが多くなる。しかし、これではそこに、一貫性や合理性を期待するのは難しい。記録を残し、後日それを確認する。今日では当たり前の作業も、当時はそれを果たせる人びとがそもそも少なかったのであり、それが可能な人材を動員できることは、為政者にとって大きなメリットだったのである。

第三に、教会の聖職者は独身が義務づけられていて、家族を残すことがない。これが皇帝にとっては好都合であった。先にも述べたが、通常、皇帝に個人的に忠誠を誓った地方の豪族であっても、彼らの権力は世襲を経る中で次第に「地盤」化していくものである。当初、皇帝の覚えめでたきを得て統治を任された領地であっても、それがいつの間にか御意見無用の家産として、ある一門に受け継がれていく。こうなると皇帝は、先代と同じように後継者が自身に仕えてくれるかどうか、絶えず気にかけなくてはならなくなるし、場合によっては譲歩をして、後継者の忠誠心をつなぎ止めなくてはならない。その意味では皇帝にとって、代替わりするたびにフレッシュな忠誠心を向けてくれる臣下ほどありがたい存在はなく、聖職者とはまさに、そういう期待に応えてくれる人びとだったのである。

以上、「政治的な視点」から、帝国教会政策という着想の意義をまとめてみた。繰り返すが、これは近代的な官僚制が整備されていない時代にあって、統治の論理を最大限に発揮できる人材活用術だったといえる。しかし、誰もが気づくように、こうしたポジティブな評価が下されるのは、あくまで「政治的な視点」に立ってのことである。換言すると、ここでの評価は何ら「宗教の視点」にはもとづいていない。

事実、一見キリスト教会の地位を高めたかに見える帝国教会政策によって、宗教共同体としてのカトリック教会は大きな打撃を受けることになる。すなわち、聖職者の堕落がこの政策によって引き起こされたのである。理由は簡単である。いまや教会では、およそその名に値しない聖職者が次々に登用されるようになったからである。宗教的な徳と見識を持ち合わせていなくても、単に世俗為政者の意に適う言動を心がけたとの理由で、司教や修道院長といった要職に就くことが可能になった。当然こうした輩に、救済を求める民衆の魂の看取りは期待できない。カトリック教会に対する信頼は日に日に低下し、改革を求める声が高まることになる。

皇帝にしてみれば、しばらくは教会浄化の要望を無視することができた。もともと宗教家として任用したわけではない「聖職者」だから、行政能力を発揮し続ける限りにおいて、彼らを非難叱責する筋合いは皇帝の側にはないのである。しかし、その皇帝にしてもやがて、教会を放置しておくわけにはいかない、との自覚を高める。腐敗堕落した聖職者が善男善女の信を失うだけで済んでいた話が、彼らの任命権者を問いただす方向に及び始めたからである。

そういう事情で、教会改革の要求は最初、皇帝が引き受けることとなった。しばらくは皇帝主導で、宗教共同体の浄化が目指された。しかし、聖職者の腐敗の原因が帝国教会政策にある以上、ここでの改革運動には当然のことながら限界がある。泥棒が刑法を作るようなものだから、である。ここに教会の抜本的な内部浄化の必要性が唱えられるようになり、教会内で名声を高めていたヒルデブラントに、事態打開への期待が寄せられるようになる。ヒルデブラント、後のローマ教皇グレゴリウス七世(Gregorius VII：在一〇七三－一〇八五)である。

第6章　グレゴリウス改革

およそ改革というものは明確な問題設定と戦術を必要とする。両者が相まって人びとの支持を効果的に調達するとき、その改革は成功に大きく近づくことになる。私たちがこれから検討しようとするグレゴリウス改革はこの点で、大いに参考になる事例といえよう。しかも、この宗教共同体にかかわる改革運動は、西欧の政治思想史の新たな局面を切り開くことになるのである。

一　問題設定と戦術

教会改革の期待を背負いグレゴリウス七世として教皇の位に就いたヒルデブラントは、直面している問題の中心を、世俗権力が教会にかかわる事項に関与している点に求めた。彼の優れた洞察力がうかがえるところである。特に諸悪の根源と目されたのは、「叙任権」と呼ばれる聖職者人事権を世俗権力が牛耳っている現実である。世俗的な人物の世俗的な動機によって任じられた「聖職者」たちが彼らに本来求められている使命を果たせないのは、火を見るよりも明らかである。そこでグレゴリウス陣営は課題を、「俗人から叙任権を取り上げる」という言葉でいい表す。また彼らは、その使命を裏切ることで地位を得て、果たせるかな、およそ聖性を欠いた生活を送っている「聖職者」たちを教会から一掃しようとした。このとき用いられた印象深い言葉こそ「聖職者から妻を取り上げる」である。

しかもグレゴリウスは、改革実現のための戦術に配慮することも怠らなかった。それは大きくいって二つある。第一に、このたびの教会改革を徹頭徹尾ローマ教皇主導とすること。第二に、民衆の宗教的な熱心さを煽ることである。

まず、ローマ教皇主導の改革ということで注目に値するのが、グレゴリウスが一〇七五年に著した文書『教皇教書（Dictatus Papae）』である。これは二七カ条からなる命題集であるが、そこには、キリスト教会の権威とローマ教皇の権威とを同一視しようとするグレゴリウスの姿勢が明確に表明されている。

(Ⅰ)ローマ教会は神のみにより基礎づけられたこと。

(Ⅱ)ローマ教皇のみが正しく普遍的と呼ばれる（べき）こと。

(Ⅲ)彼〔ローマ教皇、を指す。以下同じ〕のみが司教を罷免し、あるいは復帰させることができること。

‥

(Ⅻ)彼は諸皇帝を廃位することができること。

‥

(XXVII)彼は不正な者になされた誠実の誓いをその服従者から解くことができること。

（野口洋二、一九七八年、一九四―一九五頁）

フランス絶対主義の絶頂期に君臨した国王ルイ一四世は「朕は国家なり（Etat, c'est moi.）」と述べたといわれるが、その言葉をもじるなら、この命題集からはグレゴリウスの「朕は教会なり（Eglise, c'est moi.）」との自負を確認することができよう。もちろん彼は自らの権勢を誇りたいがためだけに、以上のような自己規定を行ったわけではない。グレゴリウスは、直面する課題の大きさと、にもかかわらずこれを克服しなくてはならない必要性を真摯に自覚したからこそ、改革を遂行するために教会にかかわるあらゆる決定の責任を教皇職に帰そうとしたのである。

それゆえ、彼が教皇を「ペトロの代理人」として捉えたことも、これを個人的野心の現れと受け取っては不公平というものだろう。彼は、ローマ司教の地位に座する人物が、他の司教仲間からは隔絶された高い地位にある存在だと訴えた。初代のローマ司教とされるペトロの後継者にして代理人であることが、その地位に就く者をどうして一目置かせることになるのか。グレゴリウスによるならば、司教は通常、司教区という限定されたエリア内に住む人びとの救済にしか責任を有さない。これに対し、伝承によれば、ペトロはイエス・キリストの一番弟子であり、彼にしか認められなかった権能を持っている。全キリスト教徒の魂に配慮する「司牧権」である。こう考えることでグレゴリウスは、適用範囲を制限されない聖職者の務めを担っているのが教皇と呼ばれるローマ司教なのであり、そのことを、教皇は他の司教が保持していない「首位権」を持っている、という主張に練り上げた。ただし、このときグレゴリウスの念頭にあったのは、教皇の司牧権を皇帝にまで及ぼすことで、教会改革に対する最大の抵抗主体との対決に備えることだったのである。

さて、グレゴリウスが採用した第二の戦術、それは民衆の敬虔さの利用ということだった。そもそも各地の司教や修道院長たちの腐敗堕落こそが、このたびの教会浄化を心ある人々に促していた以上、改革に必要な協力は教会内部から必ずしも容易には調達できまい。そうグレゴリウスは読んでいた。腐敗した聖職者たちは既得権益に固執するはずである。そういう場合どうするか。そこでグレゴリウスと彼のスタッフたちは、民衆の宗教的熱心さを焚きつけて、改革に抵抗する「聖職者」たちを教会から追放するアイディアにたどり着いた。特にこの手法が効果的だったのは、妻帯聖職者たちに対してである。妻《めと》を娶っている聖職者は、いわんや蓄妾《ちくしょう》に及んでいる聖職者は汚れている。彼らのダーティな手で執行されるサクラメントは無効だ。教皇とその周辺はそう民衆に訴え、彼ら彼女らを動員し、「生臭坊主」たちを実力で教会から追い出す運動を展開した。異性と交わらない禁欲的な生活に聖性を覚えるようになっていた民衆も、ローマから発せられるこれらの号令に呼応し、各地で妻帯聖職者たちを排斥するに及んだ。当時の人びとのセクシュアリティ意識がうかがい知れるところでもあるが、この戦術の成功が示唆しているのは、聖なるものをめぐる教会の教説が広く西欧世界に受容されていた事実である。その意味でグレゴリウスは、西欧世界が名実共にキリスト教世界としてテイクオフし始めたことを感じ取り、これに賭けた最初の人物だったのかもしれない。

ただし、中国現代史に私たちが見た「文化大革命」（一九六五－一九七六）がそうであったように、「上からの革命」とはそもそも形容矛盾である。教会当局が掲げた「聖なる」目的は、無効とされるサクラメントを執行する腐敗聖職者の特定化と追放という手段を正当化した。しかし、このことが内包していた問題点は、改革運動を首尾よく進めた教会当局を早晩悩ませることになるはずである。この点は、グレゴリウス改革の評価と絡めて、本章の最後で触れることにしよう。

二　叙任権闘争のはじまり

グレゴリウスが着手した教皇主導の改革は民衆レベルからの支持を得たこともあって、教会とそれを取り巻く社会のあり方を急激に作りかえていった。このとき、ドラスティックな事態の変化をフォローできなかったのがドイツ皇帝である。ザクセン朝の皇帝はそれまで帝国教会政策でもって国内の統治を図り、行政手腕を期待して帝国各地に「有能な」聖職者たちを配置していった。それゆえ、その「聖職者」たちが腐敗しているとの廉《かど》で教会から追放されることは、統治のあり方の根本的な見直しを余儀なくされたことを意味する。皇帝にしてみれば、とんでもない事態である。皇帝はグレゴリウスの改革運動に異議を唱え始めた。しかるに教皇は教皇で、皇帝とはいえ俗人が叙任権を握っていることを諸悪の根源としていた以上、ここに、教皇と皇帝との衝突は不可避となる。グレゴリウス改革は「叙任権闘争」と呼ばれる局面に入っていく。

闘争は、教皇グレゴリウス七世とドイツ皇帝ハインリヒ四世（Heinrich IV：在一〇五三／五六－一一〇五／〇六）という性格的輪郭のはっきりした主役たちを得たことで、にわかに劇的な様相を帯びることになった。帝国教会政策の破綻を恐れたハインリヒは、教会改革に対して陰に陽に抵抗し、教皇に対しても恭順の意を表そうとしない。それどころか彼は、グレゴリウスの廃位を宣言しさえした。グレゴリウスも黙ってはおらず、ハインリヒを破門するに及ぶ。事ここに至り、両者の間での、ひとまずの勝負はついた。『教皇教書』でも明記されていたが、教皇は被破門者に対する服従義務の消滅を、皇帝の臣下たちに宣言したのである。ドイツ諸侯はいまや皇帝を殺害しても罪に問われない。四面楚歌の状態に置かれたことをようやく自覚したハインリヒが取りうる選択肢は、ごくごく限られていた。

皇帝としての地位はもとより、生命さえもが危機にさらされるようになったハインリヒはグレゴリウスに、破門を解いてもらうしかない。こうして、例年以上に寒かったといわれる一〇七七年の真冬、伝承によるとハインリヒは三日三晩、教皇が滞在していた別荘の門前で、降り積もる雪にさらされながら、裸足のまま涙を流して、罪の赦免をグレゴリウスに請うこととなる。「カノッサの屈辱」と呼ばれる出来事である。ただ「屈辱」という言葉に、私たちはとらわれすぎてはならない。なるほど、叙任権闘争のクライマックスが「カノッサの屈辱」に求められるにしても、グレゴリウスとハインリヒの勝負は、イタリア半島内の避寒地だけで終わるわけではなかったからである。事実、ドイツ皇帝には「屈辱」を甘受し続けるつもりはなかった。

宗教家の最大の弱点は宗教そのものにある。洞察力に富むグレゴリウスのこと、カノッサに来たハインリヒが本心から悔い改めたわけではないことを察していたはずである。破門を解いた次に起こることも、彼は予想できたであろう。しかし、宗教の指導者は宗教の指導者であるがゆえに、たとえ心の伴わないパフォーマンスであろうと、目の前で泣き崩れている「兄弟」を放っておくわけにはいかない。グレゴリウスはハインリヒの破門を解いた。そして、道を踏み外しかけた人物に対して、改めてキリスト教会のメンバーシップを認めた。これは、宗教家としてのグレゴリウスを称える美談にはなるかもしれない。しかし、高くついた美談である。

キリスト教徒としての資格を回復した皇帝は、ドイツに戻って態勢を立て直し、自分に反旗を翻した諸侯たちを次々に撃破していった。そしてハインリヒは、世俗政治のリーダーが有する武力に物いわせて、自分に「屈辱」を強いたグレゴリウスを攻め立て始めた。北から進軍してきた皇帝を食い止める術を持たないグレゴリウスはローマを追われ、南イタリアのサレルノにたどり着き、そこで一〇八五年、客死することとなる。一方で、文字どおり「臥薪嘗胆」を果たしたハインリヒだが、ではこのドイツ皇帝の晩年は栄光に満ちたものだったかというと、決してそうではない。彼は帝位継承をめぐって実の子と争うこととなった。特にその末子は一一〇五年、父親を追い落として、ドイツの王位を手に入れる。ハインリヒもまた不本意な最期を遂げたのである。

華々しい大立ち回りを演じたグレゴリウスとハインリヒではあったが、こうして、両者ともそれぞれ無念をかみしめて、中世史の舞台から退いていったといえよう。

三　叙任権闘争の終結——ヴォルムス協約とシャルトル学派の貢献

叙任権闘争は一一二二年、教皇カリクストゥス二世（Calixtus II：在一一一九－一一二四）と皇帝ハインリヒ五世（Heinrich V：在一〇八六－一一二五）がドイツのヴォルムスで協約を交わしたことで終結した、といわれる。その中身だが、第一に、教皇は高位聖職者の選挙を自由に行いうることが確認された。叙任権は聖職者のリーダーである教皇の手中にあることが、改めて認められたわけである。第二に協約は、皇帝がこの高位聖職者選挙の場に臨席でき、被選出者に対して世俗的な権利を授与する役割を担いうることを確認した。ここでいう世俗的な権利とは、司教や修道院長といった高位聖職者たちが地上の生を送るのに必要な土地の所有権などのことである。

このたびの闘争は叙任権をめぐるものであり、それが教皇に認められると協約は謳っている。それゆえその限りでは、協約は教皇の側の勝利を示す文書だといえなくもない。しかし、皇帝が聖職者選挙の会場に列席を認められた意義は、決して小さくはない。聖職者任職の仕上げに、皇帝はかかわり続けることができるからである。そしてここで注目したいのは、こうした巧妙な妥協案を導き出す論理が叙任権闘争時すでに練り上げられていた点である。

ヴォルムス協約のような文書が作成された背景には、「シャルトル学派」の貢献が大きいといわれる。これは文字どおり、ゴシック様式の大聖堂で有名なフランス中部の都市シャルトルに置かれた学校で学び教えた知識人集団を指すが、そこで司教を務めたイヴォ（Ivo Carnotensis：一〇四〇－一一一五）が代表する学派である。彼らの業績の重要性は、教会法解釈を練り上げて、曲がりなりにも世俗の権能を宗教的なそれから区別する理論を打ち立てた点に求められる。

この学派によると、高位聖職者は二つの権能を保持している。一つは宗教的な（spiritualia）権利である。これは人びとの魂を救済へと至らしめるのに用いられるもので、神から直接的に由来し、それを現世において付与できるのは教会である。もう一つは世俗的な（temporalia）権利である。これは、聖職者たちが生きていく際に保有する必要のある土地や財産にかかわる権利を意味し、これを付与しうるのは世俗の政治権力だとされる。

要するに、宗教秩序（sacerdotium）に生きる聖職者たちであっても、彼らが聖俗両権に関与して生きていることを、シャルトル学派は明らかにしたのである。特に、宗教の論理の中に世俗的なものが働く余地を認めたことは、決して無視できない意義を持っていた。後に触れるように、グレゴリウス改革を受けて、ヨーロッパ世界はいよいよ、宗教の力による世界の秩序づけを本格化していく。中世盛期の到来である。けれども、そういう中世盛期にあっても、世俗的なものの一定の固有性が認定されていたことは、社会に対する宗教的理念の貫徹に歯止めをかける契機になったし、何よりそのことは、中世世界の流動化から近代へという西欧史の流れがある程度ハード・ランディングを回避できた理由ともなるのである。

一一二二年になされた聖俗両権の「妥協」とそれを用意した思想は、間もなく開花する中世キリスト教世界のあり方とその崩壊過程とを、共に暗示していたといえよう。

四　叙任権闘争の内実

グレゴリウス改革という史劇を見る者に印象深くさせているのは、叙任権闘争というドラマチックな場面である。そこで、話を先に進める前に、ごく簡単に闘争の内情にも触れておこう。これを通して私たちはこの時期のドイツ国制にかかわる問題点を見据えることができるであろうし、内情の理解は必ずや、改革の思想的意義をより深く把握することにも貢献するだろうからである。

闘争の中心を担ったのは、いうまでもなく皇帝と教皇である。教皇が皇帝を破門に付すことで拍車のかかった歴史の動きは先に述べたとおりだが、皇帝も黙って教皇の出方を見ていたわけではない。教会員としてのメンバーシップを剝奪しようとする宗教のリーダーに対し、地上における最高の政治的リーダーたる皇帝は最初、神によって正当化される帝権の絶対性を宗教的に主張しさえした。しかしそれがうまくいかない。そこで皇帝側は、両剣論で世俗権力の自律性をアピールし、このたびの教皇の振る舞いの不当性を訴えようとする。このように、皇帝側の主張にはブレがあったことは否めない。それゆえ、理論の応酬という局面での闘争は終始、教皇の側がリードを保ったといえる。

しかし、では教皇が向かうところ敵なしで闘争を遂行できたか、というと決してそうでもない。教皇の側にも泣き所はあった。しかも面白いのは、ここでいう泣き所が教会内に存在した、ということである。そこで私たちは、叙任権闘争における第三のアクターに注目することになる。すなわち、帝国における地方勢力である。ただし、この帝国の地方勢力は、宗教的地方勢力と世俗的地方勢力とに二分できる。第三のアクターも正確には第三・第四に区別すべきところであろうが、宗教的地方勢力ということで意味しているのは、帝国各地に領地と一定の自治権を認められていた司教や修道院長である。これに対し、世俗的地方勢力とここで呼ぶのはドイツ諸侯のことである。

さて、宗教的地方勢力は本来その地位を宗教秩序の中で認められている。それゆえ当然、このたびの闘争で彼らは教皇の側に荷担しそうなものである。しかし司教や修道院長の多くは皇帝をサポートした。彼らは帝国教会政策を通じて自身を重用してくれた世俗権力者の方に、より大きな忠誠心を抱いていたのである。逆に諸侯たちは教皇を支持した。世俗秩序（imperium）の中で本来その地位を認められている諸侯たちにしてみれば、世俗政治の長である皇帝の威信が弱まれば、それはそのまま、自分たちの地位が相対的に向上することを意味していたからである。それゆえ彼らは、皇帝に対する忠誠義務の解除を教皇が宣したことを歓迎した。そして闘争の過程でドイツ諸侯は、ハインリヒに代わるドイツ王を立て、これにグレゴリウスの認可を得ようとさえしたのである。

このような内情を見てみると、このたびの闘争は宗教秩序の自己主張と世俗秩序のそれとの単純な対立とはいえない。叙任権闘争をダイナミックなものに仕立て上げていたのは、両秩序の内部に存在した「ねじれ」が生み出す複雑な力学だったのである。そしてこのことは、これから整い始めるキリスト教世界としてのヨーロッパにおいて、地方勢力の政治的および理論的な自己主張が無視できない意味を持つであろうことを予想させる。事実、ドイツ皇帝との対決にひとまずの決着をつけた教皇は今後、諸国王、特にフランスやイングランドの国王との争いに巻き込まれていくのである。

五　教会と国家の区別

以上、私たちはグレゴリウス改革を概観してきた。そこで次に取り組むべきは、この出来事が持つ政治思想的意義の確認である。

第一に指摘したいのは、この改革を通じて、教会と国家の区別が西欧人の間で改めて意識されるようになった、ということである。人間が生きていくということは、共同体の中で生きるということを意味する。人は誰でも一人では生きていけないからである。しかし、その共同体は、教会と呼ばれる宗教共同体と、国家と呼ばれる政治共同体とに区別可能だ。こうした意識は、今日からすれば常識的ともいえるものである。けれども西欧において、いま問題にしている意識は、グレゴリウス改革の結果、明確になったといっても過言ではない。宗教共同体と政治共同体のそれぞれに、あるいは教皇と呼ばれる、またあるいは皇帝と呼ばれる別個のリーダーが存在し、しかも彼らは各々の共同体を秩序づけるために別個の制度や組織を有している。このことがはっきりと自覚されるようになったのは、まさにこの改革を通じて、だったのである。

特に重要なのは、ローマ教皇を中心にした宗教的権威の制度化である。どんな文化圏にあっても時代が古くなればなるほど、宗教と政治の境界線は曖昧模糊としたものになる。そしてたいていの場合、宗教の権威は政治権力者によって利用されるものである。西欧も例外ではなかった。けれどもここでは、グレゴリウス改革を経て、名実共に宗教的権威が組織化され、世俗権力の組織と相対峙する実力を持つようになったのである。とりわけ「カノッサの屈辱」で、皇帝が教皇に跪き、後者に自身の名誉と権利の回復を願いさえしたことは、西欧世界に生きる人びとに、宗教共同体とそのリーダーの存在感を再認識させたことであろう。

六　世俗権力への介入の正当化

しかも前述したとおり、グレゴリウスその人が抱いていた理念は、本来政治権力が処理すべき世俗的な事柄に対して、教会が介入していくことを無制限に正当化する、理論的起爆剤ともいうべきものを内に秘めていた。もちろん、グレゴリウスは、世俗権力が不要だ、といっているわけではない。教会改革のために空前の権限を手中にしようとしたグレゴリウスではあったが、その彼であっても、目的遂行のために自身が世俗の政治権力者になろうとはしなかった。『教皇教書』に示されていたように、世俗権力の存在そのものを彼は否定してはいない。けれども、その同じテクストからうかがえるのは、世俗権力が重大な責任を有しているからこそ、それはチェックされなければならない、というグレゴリウスの見解である。そして権力のチェックには、それを行う主体が必要だとする彼は、現世でこれを担当できる人物としてローマ教皇を大胆に自薦するに至ったのである。

また、世俗権力の存在意義は認めるにしても、グレゴリウスは、その「可動領域」というものを想定している。可動領域、すなわち世俗権力が作動することを許されているエリアだが、グレゴリウスによればそれは「キリスト教世界」ということになる。教会とその教説が人びとに浸透してきたことを意識してか、グレゴリウスはキリスト教文化圏を世界そのものと見なし始めている。そして、そういう「世界」に対して彼はいまや、最終的な責任を負おうとする。だからこそグレゴリウスは、宗教共同体のリーダーは政治共同体のリーダーをコントロールできるし、コントロールすべきだ、と憚ることなく主張できるのである。

ここに、霊的な問題に判断を下せる者は世俗の問題にも介入できる、との論拠が示された。そしてこれを拡大発展していくことで、ローマ教皇は約一世紀後、西ヨーロッパ世界に聖職者主導の現世統治を敷くことになるのである。

七　封建制度の再整備へ

ただし、この同じことの裏面も私たちは忘れてはなるまい。すなわち、直前で述べたのとは逆に、グレゴリウスの理念が世俗的なものの存在を、相対的にではあっても、正当化したことも確かなのである。宗教界で権威を持つ者が世俗領域で権力を持つ者を善導できる、との主張は、世俗権力者が曲がりなりにも世俗権力者として理解されていなければ意味を失うことになる。つまり、いまや大きな権能を帯び始めた教皇ではあったが、それでも彼は、世俗の政治権力者を自分とは別の任務を帯びた存在として認知していたのである。そしてこの点を延長していくと、次のようなことがいえる。グレゴリウス改革を通じて、キリスト教会はキリスト教会固有の性格を、またその指導者は彼ら固有の職務を、改めて自覚するに至った。しかしこのことが同時に意味していたのは、世俗の領域も世俗の領域固有の性格を、そしてその指導者も彼らに固有の職務を再確認するよう促された、ということだったのである。

一一世紀から一二世紀にかけて、それまで宗教的理念を身にまとっていた西欧の世俗権力は、輪郭線のはっきりした宗教とその組織に直面することになった。そうなると前者は、自己の宗教性とそこから導かれる権力の正当性とを人びとにアピールしにくくなる。いわば宗教の販売権が教会の側に独占されてしまったからである。このとき世俗の為政者たちが再考を迫られたのは、必ずしも宗教の論理によらない自己の正当化である。もちろん現代に至るまで、権力が効率的に作動するために、曰くいい難い正当性を人びとに感得させるに越したことはない。それゆえ世俗権力による宗教の利用は今後も続くであろう。けれども、中世にあって早くも西欧の世俗権力者たちが経験したのは、過度に宗教に訴えるとかえって自己の存立基盤が問い直される事態であった。

具体的に述べると、このたびの改革は帝国教会政策の破綻を含意していた以上、ドイツでは今後、聖職者を世俗の行政官として利用することが難しくなった。そのため皇帝は、別の国家運営の方策を模索することを余儀なくされる。そこで彼らは改めて、パーソナルな信頼関係にもとづく保護・服従関係の再構築に意を用いることになった。そしてそうした関係のネットワークを張り巡らせることで、皇帝の威信がなんとか全国に及ぶよう努めたのである。封建制度の再整備による国家運営である。

このように、グレゴリウス改革は、宗教と対照をなす政治の見方を西欧世界に示すと同時に、それを反映する具体的な制度設計を中世の為政者たちに迫ったのである。

八　「霊の自由」と「教会の自由」

最後に考えたいのは、改革によって、中世西欧世界が思想的な流動化要因をその内部に取り込むことになった、その問題である。

改革の戦術と関係するが、グレゴリウス陣営は世俗権力の頸木《くびき》から教会を解放しようとする際、「霊の自由」というスローガンを掲げていた。宗教は霊魂とその救済に関心を寄せるが、霊魂はそもそも不定形であるがゆえに、現世のいかなるものにも本来拘束されないはずである。しかるにグレゴリウスらの目に映ったのは、世俗の為政者たちが叙任権への干渉を通じて、人びとの霊魂の管理監督を滅茶苦茶にしている、同時代の現状だった。特に皇帝は、自分の意に適う腐敗した「聖職者」を重用し続けており、彼らが人びとの霊魂をケアできないのは必定である。こうして、世俗権力から霊魂を自由にしなくてはならない、との理念が改革を遂行するにあたって強調され、広く人びとに訴えられることになった。

改革は成功を収める。教会は世俗権力から自立し、ローマ教皇の首位権のもとに新しい教会秩序が確立する。しかし興味深いのは、その過程で、霊の自由という理念は歴史の表舞台から後退するようになり、代わって「教会の自由」という理念が台頭してきた消息である。ここにあるのは教会当局のご都合主義だ、といわれても仕方がない。霊の自由を掲げて民衆をも動員した教会当局ではあったが、当初の目標を達成したと見るや、自分たちの体制を強化するスローガンに切り替えたからである。

しかし、一度流通した理念というものは、容易に消えてなくなるわけではない。教会は首尾よく組織化を図り、西ヨーロッパ全体をカバーする一大宗教機構と化す。けれども、この過程で教会当局によって放棄されたかに見えた霊の自由の理念は、民衆レベルで、しかも教会というルートから外れたコミュニティで存続していくのである。「異端」と称せられる思想の一つの苗床が、ここに準備された。

しかも教会当局は、改革に際して、霊の自由という理念を吹聴して民衆を動員し、既得権益にしがみつく腐敗した聖職者を追放さえした手前、この理念を全否定はできない。成功を収めた改革期の戦術は、今度は体制固めを始めた教会そのものにはね返ることになったのである。事実、中世盛期以降、「異端」と呼ばれることになった人びとの多くは、自分たちの言動に「主観的な」やましさを何ら感じない。むしろ彼ら彼女らは問い質す。生活の聖性と霊の自由という理念とを保持する役目は自分たちが担っているのであり、逆に教会は「客観的な」正当性にただただ固執するだけの機構に堕してしまったのではないか、と。

このように、中世にあって教会の影響力を強めることになったまさにその論理は、教会の体制そのものを崩しかねない理念を内包していた。民衆の宗教的エネルギーは、少なくとも教会の組織の論理からは疎外され始める。そういう内部矛盾を抱えたまま、ローマ・カトリック教会という宗教共同体はヨーロッパ世界そのものと自己を重ね合わせる、壮大な企てに着手していくのである。

第7章　中世盛期

西ヨーロッパ世界は一二世紀に入ると、「ルネサンス」と呼ぶにふさわしい文化的革新期の様相を見せるようになった。

その背景をなすのは社会の安定である。三圃《さんぽ》制など農法の革新が実を結ぶようになり、農業の生産力が高まった。また、農産物を効果的に人々に配給する社会的インフラが整備されるようになった。こうなると、「額に汗して」畑で働かなくとも食べていける人びとが増えてくる。それだけの余力が社会にでき始めたわけである。そしてその中から、学問に挺身して生活できる社会層も形成されるようになった。

こうして「知識人」と呼ぶべき人びとの出現を西欧社会は目撃するようになる。しかも彼らは、その活動の場からしても、新しいタイプのインテリだった。というのも、中世ヨーロッパの知的活動はそれまで、おもに修道院の中でなされてきたからである。人里離れた宗教施設内でこれまた宗教的な知的営為に従事する。たとえば、聖書の写本に勤しむ。それがこれまでの知識人の姿だったのである。しかし一二世紀以降、知識人たちは、ちょうどその頃ヨーロッパ各地の都市で設立され始めた大学という研究教育機関に、活躍と生活の場を見いだすようになった。そこでアカデミックな討論が制度的かつ継続的に積み重ねられたことにより、西欧人の知的世界は大きく広がった。またその過程で、古代の文献に西欧の人びとは、本格的に言及するようになったのである。

一 「ポスト・グレゴリウス改革期」における一二世紀ルネサンス

一二世紀ルネサンス期に生きた知識人たちの実態に関して興味深いのは、当時の世俗権力者たちが、自分の宮廷に彼ら知識人たちを招き入れるようになった事実である。インテリを身近に侍らせようとする権力者たちの動機は何だったのだろうか。一つは、「見栄を張る」ということである。学芸のパトロンとして世に名を残したい。そういう、今も昔も変わらない世俗権力者の野心が、知識人たちに生活の場を提供することになったわけである。

もう一つは、最初のものと無関係ではないが、学芸によって自己の権力の正当化を図ろうとする世俗権力者の思惑である。これも一見すると身も蓋もない動機ではあるが、それがこの時代、世俗権力者にとっては喫緊の課題だったことを理解しなくてはならない。確かに、今日に至るまで欧米の政治権力は多かれ少なかれ、宗教的な信念体系に訴えて、自己の正当化を図ってきた。しかし、前章で述べたように、一二世紀とは、素朴な仕方でのそれが修正を余儀なくされる時代だったのである。グレゴリウス改革の結果、世俗権力者たちは、宗教が自身に向かって相対峙することを痛感せざるを得なくなった。国家統治の官僚として聖職者を用いることも、帝国教会政策が破綻したために、ほとんど不可能である。したがって、いまや、必ずしも宗教によらない自己の正当化を世俗権力者は考えなくてはならない。そして、こうした事情で登用されることになったのが、これまで述べてきた新しいタイプの知識人たちだったのである。

大学のみならず君主の宮廷という活躍の場を与えられた知識人たちの事情はどうか。彼らは彼らで、世俗権力者のアドバイザーとしての地位を自覚するようになる。また、世俗政治と自分たちとの結びつきを意識するようになる。ここに西欧は、「権力と知」という問題に改めて直面するようになったのである。

けれども当時からすでに、時の権力者に追従する知識人のあり方を疑問視する声もまた存在していた。たとえば、政治権力者のあるべき姿を示し、かつ権力と結びつく知識人たちの姿勢を問い直した人物として、私たちの記憶にとどめたいのがソールズベリのジョン（John of Salisbury：一一一五?－一一八〇）である。ジョンは今日も多くの研究者を惹きつけてやまない。ルネサンスによって姿を現し始めた、西洋古典古代の知の多くを彼が吸収し、その成果を発信しているからである。またその過程で、興味深い政治思想を展開しているからである。ジョンは、この時代にあって暴君殺害を議論し、また、有機体のモデルで政治共同体を論じるアイディアを洗練化させた。

このような次第で、一二世紀ルネサンス期の政治思想といえば、ジョンに紙幅を割くのが通例である。しかし本章では、この時代を「グレゴリウス改革後の時代」として見る立場に自覚的でありたいと考えている。すなわち、いくら宮廷や大学という活躍の場を得たとはいえ、この時代の知識人の多くは「ポスト・グレゴリウス改革期」に生きる聖職者だったのである。この、ポスト・グレゴリウス改革期という時代を反映した政治思想的著作をものした知識人は、ジョン以外にはいなかったのだろうか。そういう問題関心を抱いて見渡したとき、私たちは一人の修道士に興味を覚えることになる。フライジングのオットー（Otto von Freising：一一一一－一一五八）である。

二　フライジングのオットーとシトー派修道会の政治思想

フライジングのオットーは、年代記作家として名を残すことになった、シトー会修道士である。後には、同会の修道院長も務めた。また、オットーを語る上で大事なのは、彼が名門の出だ、ということである。ドイツ皇帝の親戚筋に属していた。そういう出自のなせるわざか、後に述べるように、神聖ローマ帝国とキリスト教会とを理論的に融和させようというビジョンが、オットーにはある。

そういうオットーがいかなる政治思想を紡ぎ出すことになるのか。それをより正確に把握するためにも、ここで、オットーその人がそこに属しており、かつ、当時の知的世界をリードしていたシトー修道会の思想傾向を確認しておきたい。

そもそもシトー会とは、一〇－一一世紀の修道院運動において指導的地位を占めていたベネディクト修道会の規律が緩んだのを憂いて始まった修道会である。そのため、この修道会は厳格さを旨とする。美意識にしても、神の栄光を讃えようとする絢爛豪華さがベネディクト修道会の特徴だとすれば、素朴さがシトー派のそれにあたる。同会の修道院建築に見られるシンプルな窓枠などは、シトー派芸術として、美術史においても言及されるところである。

この修道会は、思想界にも影響を与えた。フライジングのオットーの政治思想との関連で注目に値するのは、オットーの先輩で一二世紀始めの思想界に大きな影響を与えたクレルヴォーのベルナルドゥス (Bernardus Claraevallensis：一〇九〇－一一五三) である。ベルナルドゥスは神学的には穏健な神秘主義に立つ。そのため同時代の、ということはつまり、体系化をいよいよ本格的に推し進めていたスコラ神学のあり方には批判的だった。といっても、この神秘主義者は世事から超然としていたわけではない。その実践活動に関していえば、彼は第二回十字軍を提唱したことでも知られる。

そして政治思想的に特筆すべき点は、ベルナルドゥスが両剣論を、教皇権の優位という視点から解釈したことである。彼の晩年の著作に『教会改善論 (*De consideration*)』と訳されるものがあるが、そこで彼は、教会は自らに属する世俗の剣を使用すべきではないが、教会の命にもとづいてのみ人は世俗の剣を用いうる、という主張を行っている。つまりベルナルドゥスは一方で、教皇が世俗為政者よりも上位に位置すると認めている。しかし他方で彼は、前者が世俗的な事項を直接支配することは否定した。政治に対する宗教の優位を語ろうにも、ベルナルドゥスには未だ抑制が働いていた、というべきであろう。

三　オットーの両剣論

さて、こういう先輩の影響もあってか、フライジングのオットーも両剣論に由来する政治思想を展開する。と同時に、彼は自覚的にアウグスティヌスの『神の国』を議論の土台として採用しようとする。その結果、オットーの所論は歴史感覚に富むものとなったが、問題は、こうした思想がポスト・グレゴリウス改革期という時代の中でいかなる評価を与えられるべきか、という点にある。このことをオットーの主著『年代記あるいは二つの国の歴史（*Chronica sive historia de duabus civitatibus*）』（一一四六）を検討する中で考えてみよう。

オットーによれば、神は「教会」の中に二つの役割を設定した。すなわち、聖職者の役割と王の役割である。このうち聖職者は宗教儀式（サクラメント）を執行し、聖霊の剣を行使して教会の裁きを世に下す。これに対して王は物理的な剣を身に帯びているが、それは、教会の敵に対して世俗的な裁きを下すためである。

またオットーによれば、教会への寄進物などの霊的な財は霊的な権能の保護のもとに置かれなくてはならないし、逆に、領地といった世俗的な財は世俗的な権能のもとに置かれなくてはならない。そして、これら二つの権能は別々の人物に別々に備わっていることが、神の望みである。それゆえ、物理的な剣の所有者は霊的な事柄を扱うことができないし、逆に霊的な剣の所有者も世俗的な権能を簒奪してはならない。

私たちはここに典型的な両剣論を見いだす。オットーは二つの権能の存在を当然視しており、またそれぞれを担う主体として、互いに独立した教皇権と皇帝権を想定している。ただし、特筆すべきは、これら二つの権能がオットーにおいて、「広義の教会」というべきものの中に組み込まれている点である。広義の教会といったが、それは、今日的な意味での宗教団体ではない。そうではなく広義の教会は、帝国と範囲の面で重なり合う、一つの世界と見なしうるものなのである。それゆえ、オットーの見立てによれば、（広義の）教会イコール帝国であり、帝国イコール（広義の）教会ということになる。

世界全体とそこでの秩序形成は、オットーにおいて明確にキリスト教的な視点から論じられるべきものとなった。考えてみると、ゲラシウスの両剣論ではもともと、教皇権と皇帝権の協働と両者の対等性とが謳われていた。これに対し、グレゴリウス改革を経た教会は、名実共に、政治権力に対して自信を持っている。こうした教会のプレゼンスがオットーにとって、世界全体と政治とを考えるときの大前提になっているのである。それゆえ、世界を秩序づけるため二つの権能の協働を提唱する主体も、ポスト・グレゴリウス改革期にふさわしく、いまや世界そのものとさえ見なされるに至った「教会」を治める教皇に求められることになる。世界そのものを宗教的なそれに仕立て上げれば、宗教のリーダーが世俗権力のリーダーを指導するのに、何の躊躇があろうか。

こうして西欧中世に特徴的なテオクラシー（神権政治）は、フライジングのオットーの登場をもって、一つの定式化を見たのである。

四　オットーの歴史観

オットーに着目するもう一つの理由は、本書全体の問題意識にかかわる。

教皇権が優位に立つ、教皇権と皇帝権の協働。それを論じたオットーの主著のタイトルは『年代記あるいは二つの国の歴史』だった。「年代記」「歴史」という言葉が用いられていることから想像がつくように、オットーは、二つの権能のコラボレーションを、歴史のプロセスの中に見ようとした。そしてこういう考え方を彼は、アウグスティヌスの『神の国』から学び取っている。

ところで、アウグスティヌスの『神の国』とは、私たちに終末というものを意識させる作品だった。私たちの生きている現世や歴史は永遠ではなく、いつか終わりを迎え、神による世界の完成が実現される。本書でも繰り返し述べてきたように、そのことは転じて、現世と現世を秩序づける政治権力が絶対的ではない、という認識を人びとにもたらすであろう。理想の秩序なるものがあるとすれば、それは現世が終わってから神によって出現させられるものだから、である。

しかし、ここで指摘せざるを得ないのは次の点である。オットーには、歴史感覚はあっても、アウグスティヌスのような「終末意識」を感じさせるものではない。なぜか。オットーの関心が、歴史のプロセスそれ自体に強く向かっているからである。歴史に取り組むにしても、「歴史が終わる」ということではなく、「歴史で何が起こっているのか」ということの方に、オットーは興味を抱いているからである。ここには、オットーがドイツ皇帝に連なる名門の出だったことが関係しているのかもしれない。つまり、現実に現世を秩序づけている主体と近い関係に彼はあった。それゆえ、いわばその現世が完了形で語られる議論よりは、それが現在進行形で語られる議論の方に、彼の関心はどうしても向かった、ということなのかもしれない。

事実、オットーは「帝権移転論」の主張を『年代記あるいは二つの国の歴史』の中で展開する。ローマのみならずアッシリアやペルシア、マケドニアなどが担ってきた世界秩序形成の主体である皇帝権をいまドイツの政治権力者が担っている、という議論である。結論だけ見れば、ここにあるのは既存の権力の正当化である。ただしそれをオットーは、歴史（のプロセス）という視点に立って遂行している。アウグスティヌスであれば政治権力批判のツールとなった歴史が、オットーにおいては、その正当化のツールとして利用されているわけである。「終末意識」を弱める歴史観は、目の前にある秩序に歴史の終局を見いだしてしまうものだが、その典型例を私たちはいまオットーの中に目撃しているのかもしれない。

この関連で、もう一点触れておきたい。再三言及してきたことだが、世俗的に名門の出であるオットーは同時に、ポスト・グレゴリウス改革の時代に生きる聖職者でもあった。そして、そういう彼の目に映っていたのは、教会が力を持ち、教皇が皇帝に服従を迫りさえする現実だった。このことと決して無関係ではないが、オットーはまた同時に、改革を通じてキリスト教世界に修道士という「聖徒」が増えている事実を重んじた。彼自身、そういう修道院運動のリーダーでもある。

こうした現実を意識する中で、キリスト教会の歴史の中に、現世における「神の国の現れ」ないし「神の国の進展」といったものを、オットーが感得したとしても不思議ではない。これはいい換えると、歴史そのものを教会史の中に吸収する、ということである。もちろん歴史は終わりを迎える。そのことはオットーも認める。事実、修道士たちが世界を革新してアンチ・キリストを打ち破る、という描写も交えつつ、オットーその人も歴史の終わりに触れないわけではない。けれども、いまや世界そのものと見なされるに至っている教会の歴史、それがどうして終わらなくてはならないのだろうか。

人は現世の矛盾に悩み苦しむからこそ、それらが世界の完成で解決されることを願う。これに対し、もし現世をさほど問題に満ちたものと見なさないとなると、終末を待望する動機もどうしても切実さが弱まってしまうだろう。世界が教会になる。これはキリスト教会が長らく夢見てきたビジョンだったかもしれない。けれども、そのビジョンに対してリアリティが加わるようになると、つまりグレゴリウス改革の結果、ここでのビジョンが全くの夢物語ではないと意識されるようになると、キリスト教は現世に対する批判的な姿勢を取りにくくなる。キリスト教会が現世をカバーしてそれに重なり合うことは、現世の論理がキリスト教とその共同体に浸透していくチャンスが増えることでもある。逆説的だが、宗教が政治に対して優位に立つときほど、政治が宗教を浸食するものである。そしてそういう時期として、私たちは一三世紀を考えることになる。

五　「中世の夏」と思想の課題

西欧の一三世紀は「中世の夏」と呼ばれることがある。つまりこの時代、西ヨーロッパ世界は、一二世紀ルネサンスを継承・発展させて、文化的にも社会的にも安定した時代を迎えていた。

さて、このように中世社会が最も安定した時代は、そこに生きる思想家にもある課題を与えることになる。それを思いきって「アウグスティヌス政治思想の相対化」と表現しておきたい。一三世紀に生きる人びとの目には、現世がアウグスティヌスのいうように、否定的なものとは映らなかった。各国によってもちろん程度の差はあるが、封建制度の整備によって国内の統治が落ちつきを見せる。それと共同歩調を取るように、周辺村落が提供する農産物が都市という流通センターを経て、安定的に人びとに供給されるようになる。都市が得た富によって、人びとは文化的な営みに励む余裕を得る。このように生活環境が明るい方向に向かって変わっていくとき、文化や経済、そして政治という人間の営みを、もっと肯定的な視点と用語で説明する試みが待望されるようになったのである。

そんなとき、一三世紀西欧の知識人たちにとって大きな出来事となったのは、古代ギリシアの思想家アリストテレスの著作が、本格的にギリシア語からラテン語に翻訳され始めたことだった。

その際、アリストテレスはキリスト教成立以前に活躍した思想家だから、当然キリスト教的な色眼鏡で物事を見ていない。にもかかわらず、彼は見事に世界を説明してみせている。それがコルプス・クリスティアーヌムに生きる知識人たちにとって、とても新鮮なものに思えたのである。いまや人びとは、キリスト教に頼らなくても世界は解釈できることを知り始めた。当然、キリスト教の教理に責任を負う聖職者たちからすれば、アリストテレスは危険思想の持ち主ということになる。

だが、アリストテレスの研究は着々と進められた。特にキリスト教神学の体系化に際して、彼の学問は有効かつ強力な道具になりうる。そう直観して、これに考察を加える営みが続けられた。その代表者が、トマス・アクィナス（Thomas Aquinas：一二二五－一二七四）その人である。そしてトマスは、単に狭義の神学のみならず、コルプス・クリスティアーヌムとしての中世ヨーロッパ世界を理論的に説明してみせた。その成果が、彼の主著『神学大全（*Summa theologiae*）』である。

六　トマス・アクィナスの思想、その概観

では、トマスによる、人間の政治的な営みもそこに含まれるコルプス・クリスティアーヌムの正当化とはどういうものだったのだろうか。

あらかじめ見取り図を示すなら、コルプス・クリスティアーヌムとは、そもそもキリスト教の視点から導き出された世界ないしは宇宙の像である。ただし、この像を作り上げる枠組みは複数ある。たとえばアウグスティヌスは、終末時の完成を目指すプロセスとしての時間の流れを、すなわち歴史をここでいう枠組みとして採用した。これに対してトマスは、アリストテレスの特に形而上学を枠組みにしたといえよう。

そのことは、先行研究がトマス思想の二つの主要命題と見なしたものからうかがえる。なるほどトマスは多岐にわたる問題を考察したが、二つの主要命題は、政治思想研究に取り組んでいる私たちの理解にも資するものがある。

主要命題の第一、それは「すべての存在は唯一者に向けて秩序づけられている（ordinatio ad unum）」というものである。つまり、宇宙におけるすべての存在や営み、すなわちすべての事物は、神を目指す仕方で秩序づけられている、ということである。

この抽象的なテーゼが私たちにとって軽視できないのは、それが次のことを含意しているからである。すなわち、すべての事物の中には、神の意志が法則化されて貫徹している、ということである。トマス的な視点に立つならば、「秩序づけられている」という以上、すべての事物は、ある法則のもとに置かれていることを意味しているからである。ここでいう法則とは、これらすべての事物を作り上げた神の意志、それも永遠不変の神の意志に他ならない。これが、トマスいうところの「永遠法（lex aeterna）」である。そして、こうした全宇宙をカバーする神の意志法則の中で、人間理性が把握することのできた部分、それが「自然法（lex naturalis）」となる。こうしてトマスは、このような一連の法則理解にもとづいて人間社会という一事物のあり方を考えていくことになるのである。

主要命題の第二、それは「恩寵は自然を排除しないで、これを完成する（Gratia non tolit naturam, sed perficit）」というものである。ここに出てきた「自然」とは、先ほどから述べているように、宇宙にあるすべての事物を指す。それゆえこの命題が語ろうとするのは、神の恩寵はすべての事物と決して矛盾・対立するものでなく、むしろそれをパーフェクトなものにする、ということである。

さて、この命題が含意するのは何だろうか。それは、神の存在を強く主張すればするほど、世界の中に存在する事物すべては神の恩寵に浴し、かえってそれら固有の価値が明らかになる、ということである。このことの意義を確認するためにも、ふたたびアウグスティヌスに登場してもらおう。アウグスティヌスの思想では、神の存在が強調されると、その分、自然的な存在はマイナスイメージで語られることになった。つまり彼にあっては、神の聖性は宇宙に存在する事物のダーティさをあぶり出す働きを持っていたのである。これに対するトマスの思想世界では、神を語れば語るほど、世界がプラスイメージで理解されてくることになる。神を語ることはそのまま、世界に対する神の恩寵を語ることを意味していたからである。

以上、一般的にトマス思想の主要命題といわれているものを取り上げたが、この時点ですでに、トマスの思想がアウグスティヌスのそれとは異なる傾向を帯びていることがイメージされよう。過去には中世を「暗黒時代」と呼ぶことがあった。もしそうであるなら、中世思想の代表者はさしずめ「（知的）暗黒の帝王」ということになろうが、トマスという人はむしろ、中世思想を闇から取り上げ、「夏」の日の光のもとに置こうとする思想家だったのである。

七　トマスの人間観と共同体観

さて、トマスは、宇宙に存在するあらゆる事物を、神を目指す壮大な秩序体系の中に取り込もうとする思想家である。あらゆる事物を、である。このとき、政治という人間の営みもトマスにおいては、かの秩序体系の中でしかるべき地位を占めることになる。その説明が次の課題である。

ここで最初に取り上げたいのは、政治という営みを行う主体、すなわち人間というものをトマスがどう観ていたか、という問題である。結論を先に述べると、彼によれば、人間というものは、共同体形成を志向する動物だとされる。トマスその人の言葉でいえば、人間は「社会的および政治的動物（animal sociale et politicum）」である。

ただし、この何気ない規定の背景にある問題は重大だといえる。すなわちトマスはここで、人間が社会的な動物だということは自然本性のレベルで語りうる、と述べているのである。つまり彼が想定する人間は、堕落であるとか罪を背負った存在であるとか、こういう規定とは無関係に共同体形成を志向する。事実トマスは『神学大全』でこう述べる。「人間は本性的に社会的動物なのであり、だから無垢の状態におけるひとびともまた社会的な仕方で生きたであろう」（トマス・アクィナス、一九六五年、一三六頁）。こうした人間観の中にアリストテレス『政治学』のダイレクトな影響が見て取れる、とは従来より指摘されてきたところである。けれども、本書全体の視点からすれば、問題の根はもっと深い。人間の罪性という特殊キリスト教的な、少なくともアウグスティヌス的な人間観のポイントが、トマスによって相対化されているからである。そしてその意味では、トマスという人を単に中世思想の代表者と決めてかかることには、一定の留保が必要であろう。彼は中世という時代が生み出してきた思想の改変者でもあったのである。

なお、トマスの人間観に関しては、次の点も考慮しなくてはならない。彼は、互いに友として善い行為をするために人間は社会を必要とする、ともいう。そしてまた、愛を通じて人間は互いに友となる、という。つまりトマスは、人間の共同体形成に際しての「愛」の役割を重んじている。キリスト教からすれば「異教的」というしかないアリストテレスの所論にもとづき、自然的傾向に由来する人間の共同体形成能力を評価したトマスだったが、そんな彼もやはりキリスト教徒だった。隣人愛という宗教的価値と彼は無縁でいることはできない。いい換えると、自然的傾向という事実レベルでの議論で終わらないのがトマスなのであり、彼の考える事実は必ずといってよいほど価値と結びついているのである。トマスの国家観においては、否、思想全体においては、事実と価値とが密接に関係しあっている、と指摘されるとおりである。そして、この事実と価値との接着が、トマス思想の最大の強みであり、と同時に最大の問題点ともなろう。この点は本章の最後でもう一度触れる。

次に注目したいのは、その成り立ち方をこれまで確認してきたトマスの想定する共同体がそもそも、政治的リーダーシップを大前提としてあらかじめインプットしていた点である。トマスはいう。

もし集団の社会のなかで生活することが人間にとって自然的なことであるのならば、人間たちの間に、かれら集団を統治する何らかの手段が存在するのが当然のことになる。というのも多くの人間たちが共にいて、そのおのおのが自分たちの利益だけを求めるようなところでは、もし集団の共通善に属することについて配慮する者が存在しなかったとしたら、その集団は壊れ、バラバラになってしまうだろうからである。

（トマス・アクィナス、二〇〇九年、一九頁）

つまり、トマスにとっての共同体とは、それを正しくリードする指導者がいないと崩壊する類のものだった。このことをこれまでの文脈に即して考えてみると、彼は人間の社会性を自然本性的なそれとして確かに考えていた。けれども、この社会性を演繹しさえすればパラダイスが実現可能だ、とまではトマスもさすがに考えない。むしろ、共同体を崩壊から守るリーダーの存在とその活動は、共同体そのものと同じく、人間にとって自然的なものとして、トマスの目には映っていたのであろう。そしてここから、多分に問題をはらむ、彼の支配服従関係論が導かれることになる。

八　二つの支配服従関係

『神学大全』第一部第九六問題で、トマスは、人間界に見られる支配服従関係を二つに分類する。第一の支配服従関係は、奴隷制的なそれであり、このとき支配者は被支配者を、自己自身のために利用している。これはなるほど悲惨なものであり、ゆえにそれは人類の堕落の後に現れたに相違ない、とトマスは推量する。

第二の支配服従関係は、家政的・政治的なそれであり、このとき支配者は被支配者を、被支配者自身の利益や彼ら彼女らの善のために支配する。つまり、共通善（bonum commune）に向けて被支配者を善導する支配服従関係観である。そしてこの種の支配服従関係は堕落以前に存在していた、とトマスは考えている。

さて、いままで何回か言及してきたように、トマス以前のアウグスティヌスにあっては、支配服従関係が一括して、人間の堕落にもとづくものとして否定的に捉えられていた。つまりこのヒッポの司教にしてみれば、政治的であれ何であれ、人が人を支配するという事態はエゴイズムに由来しており、その根底には人間の罪があったのである。

これに対してトマスだが、このドミニコ会修道士は、人間界に見られる支配服従関係を区別する。その上で彼は、奴隷制的な支配服従関係はともかく、政治的なそれの中に肯定的な性格を認めていこうとする。こういうところに、人間とその営みをネガティブに捉えていた中世初期と、それらの中に発展的なものを見いだしていこうとする中世盛期との距離が感じられるのである。

付言すれば、こうしたトマスの思想は、キリスト教の支配力にもかかわらず存在し続ける支配服従関係という現実を、人びとに納得させる機能を果たすであろう。そして中世の君主観とトマスとの間に、一定の親和性がもたらされるはずである。そもそも、中世の君主に期待されていたのは、キリスト教的究極価値に向けて人びとを「善導」することであった。その善導の過程から逸脱しない範囲で、君主たちは正義と法を執行し、その結果、社会に平和と秩序をもたらす。その意味でトマスは、中世の君主とその責務を正当化したといえよう。

九　トマスの国家観

さて、このようにポジティブな人間観と支配服従関係の見方を含む立場が、政治共同体つまり国家をどう把握することになるのだろうか。ここでも結論からいえば、トマスが政治共同体を「完全共同体」と見なしていることが注目に値する。

人間は一人でいては生活に必要なものを充足することができないので、集団のうちで生活することが人間に相応しいのであるから、集団社会が生活に必要なものを調達するに際して、より自足的であるのに応じて、より完全である、ということになる。なるほど一つの家族においても、栄養補給とか出産・子育て、そしてその他の同じような事柄に関する自然的活動に関して、ある程度の生活の自足性はみいだされる。また、一つの職業・仕事に関する事柄に関していえば、一つの町においても自足性がみいだされる。しかし、完全な共同体である都市〔ここでは国家と同じ意味〕においてこそ、生活に必要なすべてのものに関して自足性がみいだされる。

（トマス・アクィナス、二〇〇九年、二二三頁）

このようにトマスは、政治共同体が人間にとってパーフェクトな共同体だ、と断じる。そのときの理由は、ここでもアリストテレスの『政治学』を踏襲している。すなわち、国家は自らに課せられた現世的な目的を達成するのに必要な手段を自らのうちに備えている人間集団だから、という理由である。自給自足できるし、他のものの助けを必要としない。この意味で国家は「完全」だとされるのである。

ただし、急いでつけ加えなくてはならない。容易に想像のつくところだが、聖職者トマスにとっては、第一義的な意味での「完全共同体」とはキリスト教会である。なるほど国家は、現世的な目的を果たすのに必要な手段をすべて備えている。けれども、これに対し教会は、来世的な目的を、すなわちキリスト教徒が永遠の幸福を得るのに必要な手段を、すべて備えている。それゆえ、国家に比べてもキリスト教会の方が、より本当の意味での「完全共同体」と称されるべきなのである。

彼は、人間は永遠の幸福という超自然的な目的を目指すべきだし目指している存在だ、と信じて疑わない。そして、このような目的論的な人間とその営みの捉え方が、最終的には、教会の権威は国家の権力より上位に位置する、という結論を必然的に導き出すことになるのである。その意味で政治権力や国家は、およそ人間に課せられている超自然的目的の達成を容易にする働きを、現世において担う。人間の政治的営為はあくまで、教会のアシスト役をあてがわれているのである。

いずれにせよ、領域も広く遠心力も働きかねない西ヨーロッパ世界全体を、ローマ・カトリック教会の権威が求心力を発揮してまとめ上げる像が、トマスによって提示された。しかも、この世界は最終的に、天上の超自然的な世界とも、宗教共同体という媒介を経て、連続するものとなっている。トマス思想の射程は文字どおり、時空を超えたユニバーサルなところにまで及んでいたのである。

一〇　トマスの政治思想をどう評価するか

最後に、トマスの思想の評価を行っておこう。

第一に、彼にあっては、ある特定の価値なり目的は他の特定の価値なり目的と比べて優劣関係に置かれている、ということを考えてみたい。たとえば、永遠の幸福という目的は「優」で、それに比べると現世的な幸福という目的は「劣」である。そしてそこから、より優れた目的を担う団体は「優」で、それより劣る目的を担う団体は「劣」となる。トマスによって、教会が国家より重要視される理由もここにあったわけだが、あらゆる団体がいずれも何がしかの目的なり価値を担っていること、このことは彼にあっては自明だった。

そうだとすると、次のようなことがいえる。すなわち、人びとがローマ・カトリック教会と教皇の権威を疑わない時代にあっては、トマスの思想によって、キリスト教会は、政治権力や国家の自己主張・自己展開に重石を効かせる働きを担うことができた。けれども、ひとたび教会という重石が取り除かれるならば、ということはつまり人びとがローマ・カトリックの権威を疑うようになるならば、トマスの政治思想はかえって、世俗的な政治的営為の自己主張・自己展開を承認する露払いの役割を果たしさえするのである。

というのも、トマスの意図はどうであれ、彼を通じてヨーロッパ人は、あらゆる物事が何がしかの価値を担っていることを教えられたからである。自分たちの周りにあるものは、すべて一定の価値を持っており、それらの組み合わせ次第で、新しい価値のある秩序を形成できる。こういう、近代的といえば近代的な確信を西欧人はトマス経由で培っていたのである。

コルプス・クリスティアーヌムなるものの虚妄性をあげつらうだけなら、人はニヒリズムに陥る。コルプス・クリスティアーヌムに代わる秩序の形成ということも、問題として立てにくいだろう。ところがトマス以後の西欧人は、コルプス・クリスティアーヌムが揺らいでも、それに代わる価値体系ないし秩序体系の構築にすぐさま取りかかることができた。その政治思想的成果を私たちはたとえば、トマスの死後およそ二〇〇年経って誕生するニコロ・マキアヴェリ（Niccolò Machiavelli：一四六九－一五二七）に見ることになる。国家に対する教会の優位を主張する聖職者トマスと、教会に対する国家の優位を主張する近代の政治思想家とを隔てる壁は、通常思われているよりも決して高くはないのである。

もう一つ、トマスの政治思想ということで改めて時間意識ということを考えておきたい。お気づきかと思うが、トマスの政治思想を説明する際に、アウグスティヌスに見られたような時間ないしは歴史意識は、あまり語られるべき場所を持たない。これはもちろん、そもそもトマスの思想構築がアリストテレスの存在論に立脚していたからである。

では、政治思想において時間というモチーフが弱まると、どういうことが起こるか。単純化していうと、いまここに存在する諸制度が、永遠の昨日（エターナル・イエスタディ）に由来するものとして神聖化されがちになるのである。なぜなら永遠の昨日というのは結局、世界の最初に、すなわち人間が堕落していなかった神の世界創造の時点に、たどり着くことになるからである。

なるほどそこでも、永遠の昨日から導き出された基準を逸脱するものに対しては、それを批判することもありえよう。事実トマスその人も、共通善ではなく私的な善をむさぼる為政者を暴君と見なし、彼らに対する抵抗さえ論じたことがある。しかし、こうしたトマスの思想を根拠にした抵抗権の発動が、西欧中世で生じたかどうかは極めて疑わしい。

トマスの思想を「永遠の哲学」と呼ぶことがあるが、「永遠」なるものが一人歩きして現実の歴史との接点を見失うと、それは容易に、既存の秩序とそれを維持する権力とを無批判に認めてしまうものなのである。

第8章　中世後期

前章で、一三世紀におけるアリストテレス受容について触れた。改めて確認しておくと、この出来事の意義は、西欧中世に生きる人びとの教養目録に古代地中海世界のテクストが本格的に加わるようになった、ということにとどまらない。何よりこれは、政治思想史的に重要な意味を持つ出来事だった。ひと言でいえば、世俗的な政治生活がそれ自体で意味のあるものだという自覚が、アリストテレスを通じて、西欧人の間で高まったということである。

確かにキリスト教の影響力が強い時代に生きる人びとは、政治という営みが自律性を僭称することを容易には想定できなかった。しかし時代は確実に近代に向かっている。その意味で、中世後期の政治思想を探究する私たちが持ち続けたい問題意識とは、次のようなものとなろう。すなわち、キリスト教に特有な「ボキャブラリーとグラマー」にかかわる変化が、政治の自律性を自明視する近代的な思考とどのように通じ合うことになるのか、という問題意識である。

一　フィリップ四世 対 ボニファティウス八世

「中世の夏」と呼ばれる一三世紀。その世紀の終わりから一四世紀の初めにかけて活躍したフランス国王にフィリップ四世（Philippe IV：在 一二八五－一三一四）がいる。この王は領土的な野心に燃え、今日のベルギーにあたるフランドル地方などに対して、積極的な対外政策を仕かけた。それが遠因となって後にフランスはイングランドとの間で百年戦争（一三三七－一四五三）を戦うことになるのだが、すでにフィリップの時代から、莫大な戦費の調達がフランスでは大きな問題となっていた。そこでこの国王は、いくつかの強引な手段を用いる。その一つが、テンプル騎士団の解散である。一二世紀の十字軍に由来するこの騎士修道会は全欧から寄進を受けていたが、一三一二年、フィリップは会に関係するスキャンダルを理由にこれを消滅させ、残された修道会財産を没収した。

もう一つ、フランスの国庫を潤すためにフィリップが行ったことは、王国内にいる聖職者たちに対する課税である。当然のことながら、この財政政策は教皇庁に対する直接的な打撃となる。時の教皇はボニファティウス八世（Bonifatius VIII：在 一二九四－一三〇三）だったが、彼はこのたびの事態に対して、国王が教皇の許可なく聖職者に課税することを禁止する勅書を出した。一方のフィリップはこれを受け、フランス王国国外への、ということはローマへの、貨幣持ち出しを禁止する。こうして、フランス国王とローマ教皇との対立は、どちらが先に白旗を揚げるのか、チキンレースの様相を帯びてきた。

さて、自身になかなか服従しようとしないフィリップに対して、一三〇二年、ボニファティウスは別の勅書を発する。「ウナム・サンクタム（*Unam Sanctam*）」と呼ばれる文書がそれである。発せられた時期が時期だから、この文書の宛名はフランス国王である。けれどもこの中で、特定の政治主体が名指しで言及されることはない。そのため、本テクストの内容はいきおい抽象的なものとなったが、しかしその結果私たちは、西欧中世の教皇権が絶対性を主張しようとするとき、いかなるロジックと用語が駆使されることになるのかを、この「ウナム・サンクタム」を通じてうかがい知ることができる。その一節は、以下のとおりである。

教会は一にして聖、普公的にして使徒的であって、その外には救いはなく、罪の赦しもない。〔中略〕われわれは、福音書で語られている言葉によって、教会とその権威は二つの剣、すなわち霊的な剣とこの世の剣を持っていることを学ぶ。それゆえ両方の剣――すなわち霊的な剣とこの世の剣――は教会の権威の下にある。しかしながら、前者は教会のために用いられるのであり、後者は教会によって用いられる。前者は司祭の手にあり、後者は王たちや戦士たちの手にあるが、それは司祭の意思と認可のもとにある。しかしながら、一方の剣は他方の剣に従属しなければならないゆえ、この世の権威は霊的な権威に従属するのである。〔中略〕それゆえ、もし現世的な権威が間違いを犯したならば、それは霊的な権威によって裁かれる。しかし、もし下位の霊的な権威が間違いを犯したならば、それはより上位の霊的な権威によって裁かれる。しかし、もしすべての中で最も上位の権威が間違いを犯したならば、それはただ神によってのみ裁かれ得るのであって、人間の権威によってではない。〔中略〕さらにわれわれは表明し、宣言し、明らかにするのであるが、救済のために決定的に必要なこととして、全人類はローマ教皇に服従すべきである。

（アリスター・E・マクグラス、二〇〇七年、二三七―二三八頁）

このようにボニファティウスは、教会の外に救済はなく、その教会を治める教皇にすべての人間が服従すべきことを主張した。ここでいうすべての人間の中には当然、世俗為政者たちも含まれるが、彼らに授けられている大きな権能も所詮は教皇の認可する範囲でしか行使できない。したがって世俗為政者の責任を問い質しうる立場に教皇はあるのに対し、逆に教皇の責任を問える人間は地上には存在しない。中世テオクラシーの理念はその純度を高めていくと、このようなメッセージとして結晶化するのである。

さて、グレゴリウス改革後の中世では、破門をほのめかす言葉を教皇が発した時点で、教皇権と世俗権力との勝負は通常ついていた。もちろん教皇権を面白く思わない世俗為政者たちはいるにはいたが、その思いを貫徹しようとするとき、彼らには自ら「カノッサの屈辱」の再現を引き受ける覚悟が求められたのである。それはあまりにも、ハイリスク・ローリターンだった。

しかし今回は様子が違っていた。勅書を突きつけられて教皇に平伏するどころか、フランス国王はむしろ、教皇との全面的な対決を決意したのである。フィリップは一三〇二年、パリにフランス全土から、聖職者身分、貴族身分そして市民身分の代表を集める。全国身分制議会、いわゆる三部会の始まりである。その、フランス史上栄えある第一国会においてなされたのは、このたびの事態に対する国王の不退転の意志を、諸身分を通じてフランス全土に認めてもらうことだったのである。そして諸身分はフィリップに応じた。ここに私たちは、ユニバーサルな教皇の権威に対して、フランスのナショナルなコンセンサスが対峙する新しい図式を見て取ることができる。

また、フィリップの対教皇政策は、今後のヨーロッパ政治において大きな役割を担うアクターを歴史の表舞台に立たせることとなった。すなわち、官僚である。

特に今回の事件で一躍そのプレゼンスを高めたのは、「レジスト（légiste）」と呼ばれる人びとである。

彼らは、初期絶対主義を担う官僚層と評される。このレジストたちの出自は、(地方の有力者であると同時に)国王の政治顧問役を伝統的に兼ねていた貴族層ではなく、主として市民身分層にあった。つまり中世フランス王国の政治体制の中にあって、レジストたちは決してエスタブリッシュメントではなかったのである。しかし彼らの多くは、当時整備が進んでいた大学の法学部を卒業しており、その法的思考力をもって国王を理論武装させることができる。国王も、家柄ではなく実力によって自身を支えてくれるレジストたちを重宝する。こうして、自分たちの社会的地位の向上が国王の寵愛にかかっていることを自覚したレジストたちは、一層忠勤に励むことになる。そして彼らの中からは、国王のために「頭脳」の提供のみならず、文字どおり「体を張る」ことも厭わない者も出てきた。

その代表がギョーム・ド・ノガレ(Guillaume de Nogaret：一二六〇?－一三一三)である。彼は、フィリップの意向を汲んで、イタリアのアナーニに向かう。そこでノガレは、保養にきていたボニファティウスを急襲し、乱暴狼藉沙汰に及んだ。事件それ自体は、騒ぎを聞きつけたアナーニ市民が駆けつけて教皇を救出することで、ひとまず終わった。しかし、普遍的な権威を誇るはずのローマ教皇が、フランスの市民階層出身者の一人によって暴行を受けたことは、前者の心に大きな傷を残さないではおかなかった。ボニファティウスは発狂し、一カ月後に死亡する。もちろん、新しい教皇がすぐさま立てられたが、事件以降、この「キリストの代理人」は、いまや統御不可能となったフランス国王の意向を無視できなくなる。フランス国王もそこにつけ込む。

こうして一三〇九年になると、教皇クレメンス五世(Clemens V：在一三〇五－一三一四)とその役所が、南フランスのアヴィニョンに移されることになった。もちろんフランス国王の指図によって、である。そこから約七〇年の長きにわたり、「ローマ」教皇は南仏の地に座することとなる。これが「教皇のバビロン（アヴィニョン）捕囚」（一三〇九－一三七七）と呼ばれる事件に他ならない。

ところで、容易に想像できるところだが、「捕囚」というあまり穏やかではない表現は、教皇庁を持って行かれたイタリア側からの呼称である。イタリア・ルネサンス期の人文主義者として名高いペトラルカ（Francesco Petrarca：一三〇四－一三七四）がこれを最初に用いた、といわれている。いずれにしても教皇の哀れな境遇をイメージさせる言葉ではある。けれども、そうした印象は修正すべきであろう。というのも、フランス国王は七〇年間、自国内に連れてきた教皇に終始一貫して睨みを効かせていたわけではなかったからである。理由はいくつかある。まず、フィリップ後のフランスは国内が混乱し、教皇庁のことばかり構っていられなくなった。何より百年戦争にフランスは突入するのである。また、アヴィニョンはフランス国王が座しているパリから、地理的にあまりにも遠い。交通通信網が未発達だった時代にあって、パリ・アヴィニョン間の距離は大きな意味を持っていたのである。

こういう次第で、アヴィニョン期の教皇と教皇庁は、ただただ不遇をかこつだけだったわけではない。むしろその逆だったという方が、より事実に即しているかもしれない。というのも、このアヴィニョン時代、カトリック教会は幾人もの有能な教皇の出現を見たからである。ローマというホームグラウンドにいる限り、かの地における込み入った利害関係を教皇は意識せざるを得ない。様々な教会改革のプランはあったのだろうが、それらが伝統によって押しつぶされたことも何度かあった。だが、それまでのしがらみから自由になったアヴィニョン期の教皇は、思い切った改革事業に取り組むことができたのである。

その中で特に注目に値するのが、クレメンス五世の教会司法改革とヨハネス二二世（Johannes XXII：在一三一六―一三三四）の財政改革である。とりわけ、後者ヨハネス教皇の財政改革は大成功を収め、教皇庁に莫大な富をもたらした。しかし、経済力を背景にしたヨハネスの権限拡大は、ヨーロッパの政教関係を流動化させた。中世後期のイタリアで問題になる皇帝派（ギベリン：Ghibellini）と教皇派（ゲルフ：Guelfi）の闘争も激化し、その過程の中で、皇帝派に立ちつつ、世俗秩序における教皇の地位を問い質す一連の優れた政治思想家が登場することとなった。この点については後述する。

二　ナショナルなるものの台頭

ところで、ここで話をフィリップ四世に戻そう。いま考えたいのは、フィリップがボニファティウスに対して断固たる姿勢を崩さなかった理由である。もちろんそこには、このフランス国王の個人的な性格が大きく関係していよう。けれども、中世政治思想史の流れを意識しながらこのたびのフィリップの態度を考えてみると、別の説明も可能であるし、その説明の方が、中世後期という時代と世界の特徴をよりクリアに浮かび上がらせるであろう。

ここでいう説明、それは、フィリップは皇帝ではなく国王だったからこそ、最終的には教皇のアヴィニョン捕囚を達成できた、というものである。

本書でも再三指摘してきたとおり、中世においてはローマ教皇がヨーロッパ全体に妥当する普遍的な宗教的権威を担っていたのに対応し、神聖ローマ皇帝は（多分に名目的ではあったにせよ）普遍的な世俗権力を担っていた。皇帝に比べれば、各国の国王は法的にはローカルな世俗権力者にすぎない。後者が普遍性を名乗ることなど、おこがましい限りなのである。さて、そういう次第であるから、教皇にしてみれば、自分のライバルとなるのが皇帝ならば、ある意味で相手にしやすい。後者の普遍的な世俗権力が、これまた同じく普遍的な宗教によって（つまりローマ教皇たる自分が担っている普遍的な宗教によって）正当化されていることを、思い知らせればよいからである。事実、叙任権闘争において教皇グレゴリウス七世は、宗教による正当化を中止することで、皇帝ハインリヒ四世を窮地に追い込んだではないか。

しかし時代が進む中で、教皇が対峙することになったのは、皇帝とは性格を異にする相手だった。すなわち、各国の王権である。しかもそのヨーロッパの諸王権は一四世紀ともなると、自身の権力は普遍的宗教による正当化を必ずしも必要としない、という議論の枠組みを作り上げつつあった。たとえば王国内にある教会や、王国内を律する諸法、そして王国内における平和を保護するだけでも、国王という世俗為政者の地位は充分正当化できる。自身の権力行使に対する「お墨付き」を、それ以上どうして教皇からもらう必要があるのか、というわけである。このように、普遍的ということがそれだけでは説得力を持ちえない時代に、西欧世界は入りつつあった。

つまり西欧人は、ナショナルな共同体で生きることの方に、優先順位をつけ始めたのである。普遍性を誇る宗教指導者の言い分よりも、「国」王の主張を是認したフランス三部会が、そのことの例証となろう。このように、キリスト教に由来しない「ナショナル」な「ボキャブラリーとグラマー」が、一四世紀ともなると、人びとの政治的営為を説明するのに有用となってきた。まず事実レベルで、キリスト教世界としての西欧は意味を失い始めたのである。

三　アヴィニョン期の教皇と政治

先に、通常予想されるのとは反対に、アヴィニョン期の教皇庁が大きな権限を有していたことに触れた。その象徴となるのが教皇ヨハネス二二世である。この人は七二歳で即位したが、当時の平均寿命を考えると大変な高齢である。実はそこに、アヴィニョン教皇庁の実情が垣間見える。

というのも、教皇とその役所がイタリアから南フランスに移されて間もない頃、教皇を選出する枢機卿会議は、フランス派とイタリア派とに二分されていた。対立する二派が存在する組織を運営しようとするとき、人間の考えることは今も昔も変わらないようで、このとき教皇庁はトップの人事を「たすきがけ」で行うことにした。フランス派とイタリア派がそれぞれ推す人物を交代で教皇の座に就かせればよい。しかもその交代は回数が多ければ多いほど両派の不満は分散できる。かくして、すぐ代替わりすることが予想される高齢のフランス人が、ヨハネス二二世として即位することになったのである。

しかし彼は「期待」を裏切る在位期間を誇ることになった。のみならず、この老教皇は教会の刷新を断行する。とりわけヨハネスの事業で筆頭に挙げられるべきは、新司教区の創設である。司教区が新たに作られれば、そこで働く聖職者が必要となる。そこに目をつけたヨハネスは、新司教の就任課税を徹底したのである。こうしてヨーロッパ各地から、新司教の就職に伴う税が教皇庁の金庫に入るようになり、教会財政が好転した。健康にも恵まれたヨハネスの権勢は、アヴィニョンの地にあって、それこそ飛ぶ鳥を落とす勢いだった。

しかし、そんなヨハネスの前にライバルが登場する。

一三一四年、ドイツの皇帝選挙は激しいものとなった。結果としてはバイエルン公ルートヴィヒ

(Ludwig der Bayern：一二八二－一三四七）が勝利したが、彼は政敵を打ち破った勢いにまかせ、教皇不在となっているイタリアの地での勢力拡大を図る。権力の空白地だったイタリアにドイツのプレゼンスがにわかに高まった。

この件を面白く思わないのが教皇ヨハネスであり、彼はフランス王権との連携のもとに、対独包囲網の形成を画策する。こうして再び西欧の地に、皇帝と教皇の対立図式が生まれた。一三二三年、ヨハネスはルートヴィヒを破門に付す。対するルートヴィヒは一三二七年、ローマに侵攻した。そこでルートヴィヒは、反（アヴィニョン）教皇派に立つローマ都市貴族の支持を得て、対立教皇ニコラウス五世を擁立する。

しかし、教皇庁が移転した後のローマには、ニコラウスを支持し続けるだけの力がなかった。しばらく膠着状態が続いたが、結局ニコラウスはアヴィニョンの教皇に屈服し、退位することになる。また北イタリアでは、反ドイツ勢力が勢いを取り戻した。その後は教皇派も皇帝派も決め手を欠いたまま、一四世紀半ばに至る。そしてルクセンブルク家の皇帝カール四世（Karl IV：在一三四七－一三七八）と教皇インノケンティウス六世（Innocentius VI：在一三五二－一三六二）との間で、このたびの皇帝権と教皇権との衝突にかかわる妥協が行われた。

その妥協の内容だが、ドイツ側は、皇帝選挙に対する教皇の介入を排除することに成功する。つまり皇帝決定のプロセスは、もっぱらドイツ国内の地方有力者すなわち「選帝侯」によることが確認された。そのことを示す文書が、一三五六年に作成された有名な「金印勅書」である。ここにドイツ政治は自律性を得ることになったが、しかしこのことは裏を返せば、今後ドイツ国内では地方権力者の発言が強まることを意味していた。西洋近代史では、中央集権化に遅れた「ドイツの後進性」ということがしばしば問題となるが、その一つの原因はこの時代に作られた、といえよう。

これに対し教皇側はどうか。事態は皇帝側よりも深刻だったかもしれない。というのも、財政改革によって富裕化した教皇庁のあり方を、聖職者たちが厳しく批判する事態が新たに生じたからである。特にこの時代、急先鋒となったのは、フランチェスコ会の清貧理想派だった。彼らは、自分たちの托鉢修道会の開祖たる聖フランチェスコ（Francesco d'Assisi：一一八一－一二二六）を見ならい、聖職者たる者は清貧に徹するべしとする立場をとる、いわば中世後期のピューリタンたちであった。そういう彼らの眼に、財政改革によって急激に富裕化した教皇とその周辺が堕落しきったものとして映じたとしても不思議ではない。彼らは厳しい口調でカトリック教会の指導者を攻撃し、教皇は彼らに対して破門をもって応えた。

この文脈で記憶にとどめたいのが、フランチェスコ会清貧理想派に属するオッカムのウィリアム（William of Ockham：一二八五?－一三四九?）である。唯名論者としてのウィリアムはスコラ哲学の革新者として名高いが、彼は同時に教皇ヨハネス二二世とその体制に鋭い批判を加えた政治理論家でもあった。また、すぐ後で述べるように、ウィリアム以外にもヨハネスを理論的に攻撃した知識人はいる。その結果、この豪腕教皇の死後、ヨハネスの思想は異端のそれではないか、との嫌疑がかけられる事件も起こっている。宗教の最高指導者その人の信仰が疑われたわけであり、ここに、ペトロないしはキリストの代理人の威信は深く傷ついた。

四　パドゥアのマルシリウス

そうした歴史の流れの中で、教皇ヨハネス二二世のライバル、ルートヴィヒのもとには、反教皇派に属する優れた思想家たちが結集した。ウィリアムもその一人だが、ここではパドゥアのマルシリウス（Marsilius：一二七五？－一三四二？）という人物を紹介したい。ヨーロッパ政治の現実と思想から普遍的宗教が退場を迫られる理由、および世俗政治が自律性を主張できる理由を、彼が説明したからである。しかもその説明は、マルシリウスなりのアリストテレス受容を駆使してのものだった。

このユニークな政治思想家マルシリウスは、北イタリアのパドゥアで生まれた。この街は大学を擁しており、彼自身もそこで医学を学ぶ。その後、パリに移ったマルシリウスは、医学の他に哲学も修め、名声を得た彼はパリ大学の総長も務めることとなった。こうした経歴のゆえか、他の中世の政治思想家たちのように、自説の根拠として法学に訴えることは、マルシリウスにあって相対化された。したがって、彼のユニークな世俗政治にかかわる考察にしても、それは書物を通して身につけたというよりも、顧問を一時期務めることになったイタリアの諸都市国家における実践的な経験に由来するところが大きい、とする説もあるほどである。

さて、いまイタリア諸都市国家といったが、マルシリウスが政治思想を志すそもそもの動機は、故郷の危機にあった。皇帝と教皇の野心が衝突する場として、当時、マルシリウスが生まれ育った北イタリアは混乱を極めていた。それを憂えた彼の分析によると、問題に満ちたイタリア政治の元凶は、ローマ教皇の世俗国家に対する干渉にある。実際、アヴィニョンの教皇たちは、自身に従わない者には破門をもって、また自身の政策に与しない（都市）国家の住民には聖務禁止をもって、影響力を行使していた。

いずれの措置も名指しされた人びとの救済を否定するものであるから、これらが当時の人びとに与えたプレッシャーは私たちの想像を大きく超えている。こうした聖職者の世俗政治への関与を、実体験レベルで疑問視したマルシリウスは、ルートヴィヒ側に立つことで、教皇に対する理論的対抗を図る。その成果が『平和の擁護者（Defensor pacis）』（一三二四）であった。そこで、この中世政治思想の問題作を一瞥してみよう。

『平和の擁護者』は全体として三部構成になっているが、その第一部第四章は次のような印象的な一節から始まる。

国家社会的に生きる者は単に生きている——それは獣や奴隷たちもしていることである——のではなくて、善く生きているのであり、すなわち魂の実践的ならびに観想的な諸徳に属するところのもろもろの自由人としての活動に専念しつつ生きている。（『中世思想原典集成18　後期スコラ学』、一九九八年、五二〇―五二一頁）

人間は政治的な営みにいそしむ動物であるが、この営みはそのままで善だとされる。私たちはここで、マルシリウスがアリストテレスを意識していたことを予想する。しかしマルシリウスにおいて特徴的なのは、それまでのものとは異なるアリストテレス解釈を提示した点にある。

思えば、中世盛期に生きたトマスも同じく、アリストテレスを用いて神学の体系化を図り、結果として、中世政治思想のターニングポイントを担った。すなわちアリストテレスに依拠しながら、人間の政治的営為や政治共同体の自律性を、ある程度ではあっても積極的に認めたのである。けれども、トマスのアリストテレス受容はやはり、目的論的な階層秩序の正当化を主な動機としていたといわざるを得ない。個々の事物の自律性を認めるのにトマスはやぶさかではなかったが、それは、その個々の事物が調和の取れた宇宙全体を成り立たせる限りにおいて、だったのである。

これに対してマルシリウスの最大の特徴は、トマスに見られたアリストテレス解釈のうちの一部を、すなわち政治というものの自然的な自律性を強調するロジックを、重点的に利用した点にある。換言すれば、その自律性を持った政治的営為や政治共同体が宇宙全体の中でいかなる地位を占めるのかという点には、マルシリウスの関心は向かわない。トマスであれば妥当性を疑いかねないテクストの読み方を行い、にもかかわらず斬新な理論をマルシリウスは提示しているわけである。「政治思想史とは古典の読み直しだ」といわれるが、マルシリウスによるアリストテレスの読み直しほど、その典型的な例はないといえよう。

さて、マルシリウスによって、政治共同体の自然性と自律性が改めて強調されることになったが、そうなると今度は、西欧中世における政治理論が常に念頭に置かなくてはならなかった宗教共同体の、すなわちキリスト教会の位置づけが問題になってくる。この点について、マルシリウスは何といっているのか。『平和の擁護者』第二部はそれまでの所論を要約する命題集という形式になっているが、そこにあるいくつかの命題を確認してみよう。

(5) 神法もしくは福音的法の掟ないし禁令に関してはいかなる可視的人間も免除を与えることはできない。

他方、許容されていることを、現世もしくは来世の状態に関して、罪科あるいは刑罰によって拘束するという仕方で禁止することができるのは、公会議もしくは信徒である人間的立法者のみであって、いかなる身分の者であるにしても、他のいかなる部分的な団体もしくは個人もそのことはなしえない。

(7) 人間的立法者の認可なしに制定された教令集、もしくはローマないしそれ以外の司教たちの教令は、共同的にせよ個別的にせよ、何人をも現世的な刑罰もしくは苦痛をもって拘束することはない。

(16) いかなる司教もしくは司祭、あるいは彼らの団体も、信徒たる立法者の権威なしには何人をも破門することは許されない。

(同書、五三一–五三三頁)

こうした諸命題からうかがえるが、まずマルシリウスにあって教会は、少なくとも政治的な地位を著しく低下させている。なるほど教会は過去のある時期に、至高の権能がそこに属しているかのごとく振る舞ったことがあった。しかしそれは簒奪によるものなのであって、およそ正当性を欠く事態だったのである。また第五命題および第一六命題にあったように、マルシリウスは、聖職者はそもそも破門する権能さえ持っていない、と主張する。もちろん教会の秩序というものは大事であり、それを守るためには、教会員としてのメンバーシップを取り消す処置が必要となることもあろう。また破門から生じる物理的な懲罰も、場合によっては必要になってこよう。それはマルシリウスも認める。けれども、教会の構成員を除名する権能にしても物理的な処罰権にしても、それらは、教皇という一人の聖職者が握っているのではない。そうではなく、信仰者の共同体それ自体が、および後述する「人(間)的立法者 legislator humanus)」が、この権能を持っている。そうマルシリウスは断じるのである。

このように、中世においては世俗的な領域までをカバーしていた教会の権能を縮小しつつ、マルシリウスは一つの大胆な結論に行き着く。彼によれば、世俗的な生活が霊的な生活を必要とするのではなく、逆に、霊的な生活なるものがそもそも世俗的な生活に立脚しなくてはならない。霊的な生活にしても、それは、現世的かつ物質的な平和の中でのみ営まれうるからである。そして、ここでいう現世的な平和の確立こそ政治共同体の基本的目的なのであり、その意味で、世俗的な政治権力が保障する地上の平和に宗教が多くのものを負っていることを自覚するよう、マルシリウスは同時代の人びとに宛てて訴えるのであった。

それゆえマルシリウスは、世俗的な政治権力の中に教会を取り込もうとさえする。当然のことである。彼にしてみれば、教会というものは一種の宗教的組合（ギルド）か、国家の一部局と見なされるべきものだった。そして、このギルドにおいて最高の権力を持つのは、少なくとも教皇という一個人ではない。確かに、会議の結果、この組合のスムーズな運営を期するために、特定のリーダーが立てられることもあるだろう。しかし忘れてはならないのは、そのリーダーの権威は自律的ではない、ということである。

以上、マルシリウスの政治思想のユニークさを、「教会と国家」という論点に焦点を当てることで、これまで説明してきたが、教会に対する国家の優位を説く彼の所論がいかにラディカルなものだったかは、すでに感じ取れたかと思う。だがマルシリウスの面白さは、この論点に尽きるものではない。そこで今度は、世俗政治固有の論理に彼がいかなる着想をつけ加えたのか、それを確認してみよう。

先に触れたように、マルシリウスは一方で、人間の自然的本性の自然的な展開が政治共同体の形成に向かうと考えている。しかし他方で彼は、それだけでスムーズに事が運ぶとも考えていなかった。ここで特に注目したいのは、共同体形成を正しく手助けする主体にかかわるマルシリウスの構想である。

ここでいう主体をマルシリウスは「人的立法者」と呼ぶ。『平和の擁護者』第三部に含まれる命題集では、これが次のように規定されていた。

(6) 市民たちの総体あるいはそれの優勢な部分のみが人間的立法者である。（同書、五三二頁）

ここで立法「者」は、市民全体ないしはその優勢な部分という複数の人間から成り立つ、とされている。つまり、マルシリウスはここで、複数の人びとが協働して一つの意思を持つ「団体」を、念頭に置いている。つまり彼は、実態としては複数の人びとに他ならない「団体」が、（宗教共同体をも内包するに至った）政治共同体の全体にかかわる統一的な意思決定を行い、法を制定しうることを、改めて強調しているのである。そしてこのとき、この「団体」の内実が（社会契約を介して統合される）人民であることを語りさえすれば、形式的にはそれはもうほとんど近代的な人民主権論である。

またマルシリウスによれば、この立法者が交付する人定法こそが、真の意味での法だとされる。もちろん中世に生きたこの政治思想家は、「自然法」の概念を知らないわけではない。しかし自然法なるものは彼によれば、人定法に組み込まれることで厳密な意味での法となるのである。法実証主義といい切るのには躊躇を覚えるが、法思想の領域でもマルシリウスという人の斬新さがうかがえるところではある。

このように、現世的かつ物質的な平和の保障、人民主権論の萌芽、実定法の重視等、今日の政治理解にも馴染み深い論点を、マルシリウスは一四世紀にあって提示する。近代は中世の中で、確かに準備されていたのである。

五　中世の政治思想、その総括

以上、数章に及ぶ紙幅を割いて西欧中世の政治思想を検討してきた。そこで本章の最後を用いて、西欧中世におけるキリスト教と政治との関係について、総括を行っておこう。これから論じていく近代の特質を意識しながら、である。

中世にあってキリスト教と政治の関係を思想レベルで規定していたものを、本書は、特にキリスト教の側における存在論的な思考様式の強さに求めてきた。つまり、この宗教の教理が、神を頂点にした宇宙のイメージを人びとの間で培い、同時にこのイメージが人びとの営みの占めるべき位置を指し示していた、ということである。

そしてこのことを政治思想に引きつけていい直すと、こういうことになる。すなわち、こうした世界で主たる問題になるのは、来世にもかかわる宗教的な営みが、現世にかかわる政治的な営みと、いかなる優劣関係を築くのか、ということである。一般原則レベルでも個々の具体的な事例のレベルでも、宗教と政治のどちらが、価値の秩序でもある存在論的な宇宙の中で、「上」にくるのか「下」にくるのか。それを問わずにいられないのが中世的な思考であり、こうした「上」「下」に人びとの関心が集中するのは、空間を意識した思考様式の結果だといえよう。

さて、こういう思考枠組みで政治が考察されることを、本書は、「共同性」という思想的要因の極大化として理解してみたい。

「共同性」の極大化とは、人びとが共に生きていくことを重んじることが、政治をめぐる考察の中で最重要になるということである。しかし中世においては、この点で独特な問題がある。

ヨーロッパ政治思想における「共同性」の原点を、本書ではすでに旧約聖書の中に確認した。そこではどちらかというと、神ヤハウェの目からすれば対等な者同士が共に生活することを重んじようとする方向に、この思想的要因は人びとの意識を向かわせていた。だが西欧中世では、先に述べたように、価値の上下関係をあらかじめ身に帯びた人間同士の共生が、これによって正当化されていたのである。すなわち、「共同性」が重んじられるキリスト教信仰のあり方によって、人びとは、ピラミッド的な世界の中で「上」に位置する聖職者や政治権力者たちに対して「下」位に立つことを自明視する思考に慣れ親しむことになった。中世の政治思想が往々にして保守的な性格を持つと語られる理由の一つを、この点に求めたい。

いい換えると、キリスト教信仰が政治思想的に革新性をもたらすとすれば、それは、前者の中で「終末意識」が重んじられるときだ、と予想できる。この関連でつけ加えておくならば、もちろん、中世においても終末論が論じられなかったわけではない。中世盛期でもフィオーレのヨアキム（Joachim de Floris：一一三五?－一二〇二）というフランチェスコ会修道士が比較的精緻な終末論を提示した。そして、果たせるかなヨアキムは、中世の体制に対するラディカルな問い直しを引き起こしている。しかし、時代が彼にとって不幸だった。というのも、ほぼ同時代に生きたあのトマスがヨアキムの所論を「憶測にすぎない」といってバッサリ切り捨てているからである。

いずれにせよ、これから検討していくことになる近代が中世の体制を打破することで確立していく時代とするならば、そこでのキリスト教信仰のあり方としては「終末意識」が再度重視され、そのことが政治思想の変化を促すはずである。その検証を私たちは、宗教改革を考察する中で行うことになるだろう。

第4部

宗教改革と「終末意識」の再生

キリスト教の純化を願った一六世紀の宗教改革者たちは、結果として、キリスト教世界としての西欧を崩壊させることになった。この新しい事態の中で、どのような政治構想が示されるべきか、またそれに宗教はどうかかわっていくべきか。こうした問いに対し、ルターは、これまで宗教は政治と過度に結びついていたとの批判から、両者の切り離しを試みる。ただし、その過程で彼は、教会を、キリスト教徒の内面的な結びつきとして捉える傾向を強めた。ここでの「信仰」共同体は不安定さを帯びることとなり、そのことが教会と国家の関係に近代特有の問題をもたらした。これに対し、宗教改革第二世代に属するカルヴァンは、プロテスタント陣営のなかに、組織性に富む教会の構想をもたらす。しかし、近代的な政治の論理は、一国内に自律的な団体が存在感を増すことを認めることができず、そこから生じた宗教戦争の泥沼化は、紛争解決のための強力な政治権力を人びとに希求させたのである。

第9章　ルター

一　ドイツの人文主義者とルターの登場

一六世紀に入る頃、ドイツは他の西欧諸国以上に、中世ローマ・カトリック教会とそれがまとめ上げてきたキリスト教世界の問題点が、集中的に吹き出しやすい事情を抱えていた。

その背景となるのは、西欧各国における中央集権化である。中世末期になると、フランスやイングランドなどの国王は、統治策の点でも財政の点でも、自身の権限の拡大に努め始めるようになった。その際、財政を確固たるものとするために彼らが目をつけたのが、自国内に存在するカトリック教会の持つ財産である。各国のカトリック教会は自らが得た金銭の一部を、イタリア半島のローマに納めることになっている。しかし平和が保障された国内に「生活の座」を占めている以上、聖職者といえども、教皇以上にフランス国王なりイングランド国王なりが課す税に応えるのが筋ではないか。

こうした王権からの要求を受け、各国の聖職者たちは納税に応じた。すると、それまで入ってきた金銭が急激に減るわけだから、教皇としては大変困ったことになる。しかし、中世後期の教皇たちにとって、アナーニ事件や「教皇のアヴィニョン捕囚」の記憶は生々しかった。実力をつけつつある各国王権に抵抗するのは、大きなリスクが伴う。こうして、ローマ教皇の主張がこれまでのようには行き届かない「ローマ・カトリック」教会が、西欧各国に生まれ始めたのである。

そんな中、教皇の眼はドイツに向かった。中世後期、金印勅書が全国的なコンセンサスを得たこともあって、ドイツの地では中央権力たる皇帝権力は弱い。それゆえ、そこに住む聖職者たちに教皇はこれまでどおり、人事面でも金銭面でも、より直接的な支配権を行使できるであろう。こうして、一五世紀から一六世紀にかけて即位した教皇は、そのドイツからの「上がり」で、毎年莫大な支出を予想せざるを得ないカトリック教会の財政を立て直そうとしたし、また、他の国では失われつつあった教皇の権威をそこで再強化しようとした。要するに教皇権は、中央集権化が進む他の国々で失った利益と威信を、集中的にドイツの地で取り戻そうとしていたのである。

「免罪符」と呼ばれることの多い贖宥《しょくゆう》状が、ドイツで重点的に販売されたのも、以上のような事情が関係している。このお札は、購入すれば罪の赦しが約束されるものとして人びとに受けとめられることになるが、こうして「地獄の沙汰も金次第」といわれても仕方のない事態が生じることになった。しかし、このようなローマ教会の姿勢に対しては、当然のことながら、心ある人びとが反感を抱くようになる。その代表が人文主義者と呼ばれる知識人たちである。ルネサンス期に長足の進歩を遂げた文献学の成果を用いて、彼ら人文主義者たちは、当時のローマ教会の教えを聖書原典に照らし合わせて吟味し直し、多くの場合そこに含まれる不当性を暴露する。また彼らは互いに交友関係を結び、ドイツのみならず全西欧世界にまたがる、対ローマ教会批判のネットワークを構築した。

そしてこれらが、マルティン・ルター（Martin Luther：一四八三－一五四六）による宗教改革の成功要因となる。すなわち、ルターが歴史の表舞台に登場する以前、すでにその反ローマ的な言動を支持する苗床は、ドイツの地に設置されていたのである。中世後期、既存のローマ・カトリック教会のあり方を批判し、たとえばルターと同じように「聖書に立ち返れ」と唱えた改革者は、他にもいた。私たちはその例として、イングランドのウィクリフ（John Wycliffe：一三二〇？－一三八四）やボヘミア（チェコ）のフス（Jan Hus：一三六九？－一四一五）の名を挙げることができよう。しかし彼ら「宗教改革の先駆者」たちは、自身の主張を支持し続けてくれる人と環境を欠いていた。その点、ルターの登場は必然的だったともいえるし、同時に、幸運に恵まれたともいえる。

二　僧院のルターと『九五カ条の意見書』

「農民の子」を自称して自身の庶民性をアピールしたルターではあったが、彼の誕生時、その父親は一定の財産を築くまでになっていた。鉱山での仕事が順調に進んだようである。それゆえに息子の賢さに気づいた父ハンスは、ルターに大学進学を勧めた。ただし事実は、有無をいわさず父が息子の進むべきコースを押しつけたというべきで、このことが後で述べるようにルターの政治思想に一つの暗い影を落とすことになったと思われる。それはともかく、後の宗教改革者は、当時のドイツに幾多のエリートを輩出していたエルフルト大学の法学部に籍を置くに至った。そして父親を満足させるだけの学業を積み重ねていく。

しかし一五〇五年、若きルターは、彼いうところの「雷の経験」をする。学生仲間とエルフルト郊外を歩いていた矢先、にわかに雲がわきおこり雷鳴がとどろき、同行していた友人は落雷に遭って命を落とした。これに対しルターは、鉱山労働者の守護聖人である聖アンナに祈り、この危機から救い出されたなら大学を辞めて修道士になる、と誓ったのだという。何ともドラマティックな出来事ではあるが、私たちはここに、前途を嘱望されていたルターの心の中の影を確認することも、また許されよう。世間的な成功が約束されたルートに身を置いているからこそ、かえって、そういう自分のあり方を根源的に疑ってしまう青年特有の真摯さ、といい換えてもよい。内省的な性格でもあったルターはもしかすると、俗の世界から聖の世界へとジャンプするきっかけを探し求めていたのかもしれない。いずれにせよ彼は、エルフルトの街にあったアウグスティヌス修道院の門を叩く。親の猛反対を押し切って、である。

こうして僧院に入った元法学部学生の関心は、当然のことながら、自己の救済に集中的に向かう。けれども、新たな、かつ深刻な問題にルターは直面するようになった。つまり、彼は修道士としての修業に邁進する中で、救済を確信するどころか、むしろ神と自分自身との断絶を意識するようになったのである。ここでいう断絶の根底にあるのは自身の罪である、とこの修道士は自覚する。そしてこの罪は、修道院が課す鍛錬をこなし、また一歩完成に近づいたと思わせる、まさにそのときに、救済に対する傲慢や楽観という形をとって、その頭をもたげる性質を持っていたのである。ここにルターは、修道士としてのアイデンティティそのものに関係する、深刻な矛盾に直面した。

けれども彼は、自己の内面の醜さを凝視して無為に時を過ごす人物でもなかった。それゆえ、知的営為に秀でた学僧でもあり、またその能力を評価できる上司にも恵まれたルターには、大学教授の道が開かれたのである。職場があるのは、ドイツ東部のヴィッテンベルク。ルターが講義するということで名声が一気に高まり、シェイクスピア描くところのデンマーク王子・ハムレットも学んだとされてはいるが、ヴィッテンベルク大学は一五〇二年、この地方を治めるザクセン侯の肝煎りで設立されたばかりの新設校であった。この、因習にとらわれることの少ない教育研究機関で、ルターは聖書および神学の研究に勤《いそ》しむようになる。

世界史を変えることになる転機は近づきつつあった。というのも、大学での講義を準備する過程でルターの心の中に、ある疑いが生じてきたのである。この頃ルターは、旧約聖書の「詩編」にある、神の恩寵を称《たた》える一節の解釈に頭を悩ませていた。そのテクストは、人間を解放し救済するものとして神の（正）義を語っている。けれどもそれは、既存の教会が説き、ルター自身も慣れ親しんできた神の義の理解と矛盾するのではないか。この疑いをルターは、命題集にしてまとめ上げる。そして一五一七年の一〇月、大学の討論題目としてそれを世に問う。それが名高い『九五カ条の提題』であった。これによって宗教改革が開始された、というのが後世に拡まった理解である。

もっとも後でも述べるように、福音主義と呼び習わされることとなる宗教改革的な主張を、この『提題』は必ずしも積極的に行っているわけではない。一五一七年の時点でのルターの問題意識は、贖宥状といったものを導き出すような、罪の赦しについての安易な考え方を対象にしていたというべきだろう。この考え方に、ルターのあの実存的かつ深刻な罪意識が反発したのである。だが、その『提題』に対する思いもよらぬ反響に鑑みながら、ルターは自身の考察を深めていく。そして、その結果ルターがたどり着いた結論こそ「福音主義」と呼ばれる神学の立場なのである。

三　福音主義＝信仰義認説＋聖書主義

福音主義の神学。これは「プロテスタント神学」といい換えてもよいものだが、それは三つの命題で表現することができる。すなわちそれは、（一）宗教改革運動から生まれたキリスト教信仰の理解の根幹をなすもので、（二）聖書からのみ引き出される（と考えられた）神学である。内容としては（三）救済の根拠を自らがなす善行に置くのではなく、聖書の示す「福音」に置こうというメッセージがここでは重んじられる。そうなると、福音とは何か、が問題になるが、それは、イエス・キリストによる無条件の罪の赦しを信じさえすれば救済されるというよい知らせ（グッドニュース）だ、と考えておこう。

さて、このようなルターの神学は、一体いかなる問題を派生させるのだろうか。

ここに示した福音主義神学の規定の中で、まず私たちは特に（三）に注意を払う。これが、ルターの福音主義神学の柱とされる「信仰義認説」である。「義認」という用語を意識しながら説明し直すなら、その行いによってではなく神に対する信仰によってのみ、人は神から正しい（義なる）存在だと認められ救済される……これが、信仰義認の教説である。

容易に見て取れるように、ここでは、信仰する人間と神との一対一の関係が重要視されている。「プロテスタンティズムの個人主義」ということがいわれるが、少なくとも形式論理的には、人間と神との媒介という論点は、この教説において大きく後退することになる。換言すれば、人間と神とを仲立ちする制度であるとか、仲立ちを買って出る聖職者にかかわる問題は極小化するのである。しかも、こういう信仰義認説という柱に、（二）で確認した「聖書主義」が加わる。信仰の論理を理解するために、聖職者や教会の伝統にではなく、一人一人が聖書のメッセージに耳を傾けよう、との立場である。そのとき帰結されるのが、キリスト教世界としての中世ヨーロッパの屋台骨となっていた統治機構としてのローマ・カトリック教会の否定であることは、容易に理解できよう。コルプス・クリスティアヌムを最終的に破壊したのは、神中心ということに異議申し立てしたルネサンス以上に、この上なく信心ということを重んじた宗教改革だったのである。

また、ルターによって信仰義認説を重んじる宗教改革運動が引き起こされたことは、今後西欧で行使される政治権力に、新たな課題を与えた。

ルターは、自身のメッセージが向かう対象として、個々人の良心というものを想定している。一五二一年、ヴォルムス帝国議会に召喚された田舎修道士は、申し開きを求められた際、並み居るドイツ皇帝や高位聖職者たちを前にして次のような言葉でそれを締めくくったといわれる。

> 聖書の証言と明白な根拠をもって服せしめられないかぎり、私は、私が挙げた聖句に服しつづけます。私の良心は神のことばにとらえられています。なぜなら私は、教皇も公会議も信じないからです。それらはしばしば誤りを犯し、互いに矛盾していることは明白だからです。私は取り消すことはできませんし、取り消すつもりもありません。良心に反したことをするのは、確実なことでも、得策なことでもないからです。神よ、私を助けたまえ、アーメン。
>
> (徳善義和、二〇一二年、八五頁)

感動的な言葉である。しかもここに私たちは、一つの逆説を見ている。つまり、神の言葉という超越的なものに徹底的に奴隷のごとく服従している人が、現世におけるいかなるものにも屈しない自由を得ている、という逆説である。西欧の歴史において、政治秩序はもちろん既存の教会秩序からも独立した、不可侵なる人間の内面性がいま立ち現れている。こうしてルターによって、キリスト教は人間の内面にある良心に訴える宗教であることが確認された。そしてその結果、「良心の自由」の保障という難題を、西欧の政治権力は今後意識せざるを得なくなる。事実、一六世紀前半から約一世紀以上にわたり、「(宗教的)良心の自由」を掲げた抵抗運動が、西欧各国で繰り広げられることとなる。ルターは、キリスト教のみならず、ヨーロッパ世界の政治状況にも大きな影響を与えたのである。

四 「宗教の非政治化」と「政治の非宗教化」

ただし、政治思想に関心を寄せる私たちは、英雄物語の主人公としてルターを取り上げるだけであってはならない。

このドイツの宗教改革者は、個々人の持つ内面性の輪郭線を明確に浮かび上がらせた。そして福音主義の神学は、この良心という内面的なるものの価値を人びとに意識させる中で、キリスト教世界としての西欧を流動化させていく。けれども、私たちは見落としてはならない。内面性が輪郭線を明らかにするということは同時に、内面的ならざるものの、すなわち外面的なるものの輪郭線をも浮かび上がらせることを意味していたのである。ここでいう外面とは行為ともいい換えられるが、いずれにせよ内面という宗教のターゲットの設定は、宗教が関与できないし関与すべきでもない外面というターゲットをも人びとに自覚させる。そして結論を先にいえば、政治は今後、人びとの行為という、この外面性の世界でフリーハンドを与えられることになったのである。

一五二〇年に世に問われた名著『キリスト者の自由』において、ルターはいう。

主とその キリスト者との他のすべての行いも彼らの救いのためには必要でなく、むしろすべては他人を喜ばせ、他人の役に立つための自由な奉仕にほかならない。〔中略〕同じような具合に聖パウロもローマの信徒への手紙第一三章やテトスへの手紙第三章で命じている。すなわち、世俗の権力に服従すべきであるが、それによって救われるためではなくて、他の人々や権威に自由に奉仕し、愛と自由とをもって彼らの意思を行うべきであるとしている。（ルター研究所編、二〇〇五年、二九三頁）

また、もともとルターの同志であったミュンツァー（Thomas Müntzer：一四九〇？－一五二五）が福音主義を根拠にしてラディカルな社会変革に加担する出来事が一五二五年に生じた。いわゆる「ドイツ農民戦争」であるが、このときルターは暴力革命に邁進する農民たちに対して、財産にかかわる自由と魂にかかわる自由とを混同しないよう訴えている。

内面と外面、宗教と政治の区別を自明視している私たちからすれば、ここでルターがいっていることは、常識の部類に属する。しかし一六世紀にあって彼のこれらの言葉が含意していたのは、内面的には自由でも（否、内面的に自由とされたからこそ、というべきか）外面的な自由を私ルターは論じることを自らに禁じる、という立場表明だったのである。

宗教改革者にこれだけ潔癖な内面と外面の分離を主張させるほど、宗教改革前夜のローマ・カトリック教会の堕落はひどかった、ということなのかもしれない。外面的なことにかかずらってばかりいた結果、宗教は内面的なことに対する感受性を失ってしまった。ルターのこうした問題意識は私たちも理解できるところではある。しかしルターには厳しいが、このとき元アウグスティヌス会修道士は、一つのことに注意を払っていなかった。すなわち、キリスト教は、内面と外面の分離を前提にして、前者のことのみを管轄するという考え方に、通常思われるほど慣れ親しんではいなかった、ということである。洋の東西を問わず、人間の宗教活動には、現世における宗教共同体の形成やそこでの典礼や所作といった可視的なパフォーマンスが、必ずといってよいほど伴っている。信教の自由というものが、人びとの内面の問題に政治権力が介入しないということを文字どおり意味するだけであれば、歴史上、信教の自由をおびやかした政治権力など存在したためしはない。目に見えない内面というものに介入したかどうかを判断する基準は存在しないからである。信教の自由を保障するとは、信じて（目に見える形で）礼拝行為をする自由を保障する、ということである。

さて、ここまでの説明に関して小括を行っておこう。考えてみるとルターという人は、福音主義という理念を掲げつつ、「宗教の非政治化」を目指そうとした、といえる。つまり彼は、キリスト教の中から彼自身が政治的だと見なすものを、より正確にはローマ教皇の権力行使によるカトリック教会と西欧世界との秩序づけを、徹底的に取り除こうとしたのである。そこでの意図は、キリスト教界の現状を嘆く人びとにアピールするところ大であり、この自省的なドイツの修道士は、にわかに時代の寵児となった。

けれども、ここでの「宗教の非政治化」は「政治の非宗教化」を伴っていた。すなわち、一六世紀にあって宗教家が「既存の世俗的な政治秩序に私は口出ししない」と宣言するとき、政治権力は、宗教が説く規範の拘束から脱するチャンスを得たのである。

となると、宗教から解き放たれた政治権力に立ち向かえるだけの信念体系を、宗教の側が準備できたかどうか、が次に問われなくてはならない。自身の思想の「鬼っ子」として登場した近代的な政治権力に対峙しうる信仰のあり方を、ルターは提示できたのであろうか。

五　ルターの思想と家父長主義

多くの史料が伝えるところ、マルティン・ルターは内省的でありながら、ずいぶんと人好きのする男でもあったらしい。

激しい論争を行うときにも、彼は、自分が筆を執ったテクストにユーモラスな（しかも辛辣な）一句を挟むことを決して忘れない。自ら讃美歌を作詞作曲したように、音楽の方面の才能もある。ビールもよく嗜《たしな》んだようだし、サービス精神も豊かで、書生たちとの会食に際しては、元修道尼である妻クラに対する愚痴やのろけ話で、場を大いに盛り上げてもいる。

これらは個人的な性格によるものだろう。けれども同時に忘れてならないのは、ルターは彼白身の神学を生きて見せた人でもあった、という点である。このドイツの福音主義者は、何より解き放たれた人だった。神の怒りから、教会と政治権力の威嚇から、そして自分自身から。「神の恵みを大胆に味わうために、もっと大胆に罪を犯せ」「酒と歌と女を愛せぬ者が、どうして神を愛せようか」。これらは、神の恩寵を徹底的に信頼して生きる人にしか、決して口に出せない言葉である。

しかし、政治思想を検討している私たちは、この天真爛漫な人物が垣間見せるペシミズムに注意を怠ってはなるまい。

このペシミズムは何より現世に対する見方に現れる。ルターによれば現世の領域は、神の支配下にありつつも、崩壊の傾向を強く帯びるものだった。こういう点でも私たちは、中世盛期のローマ・カトリック的な現世観とルターのそれとの相違を確認できるが、いうまでもなくこの相違は、アウグスティヌスに学びつつ、ルターが人間の罪を重視したことに由来していよう。

ただし、そういったネガティブな世界の中で、神の世界創造に由来する、無垢ともいえる秩序を、かろうじて保っている領域が現世にはある。ルターによれば、それは家族である。そう断ずる背景にはアウグスティヌスと同様の考え方があった。要するに、禁断の木の実を口にしてエデンの園を追放される以前に、すでにアダムとエバは最小単位の共同体を実現していたではないか、ということである。人びとの思考に対する聖書物語の影響力をうかがわせるところであるが、それはともかく、こういった次第でルターは、現世における秩序を考察する際に、家族というものを重んじた。しかもルターがここで念頭に置いているのは、一六世紀のドイツで広く共有されていた家族観である。つまり今日の言葉にいい直すなら、父親が権威を帯びて妻や子供たちに向き合う家父長主義的な家族観をスタンダードにして、ルターは現世における秩序を考えていくのだった。

ここにルター政治思想の道具立ては出揃った。すなわち、悲観的な現世の見方と家父長主義である。これらを用いて彼は、政治秩序とは何か、また世俗為政者とはいかなる存在かを考察していくことになる。そして、そこから導き出されたのは、非常に問題をはらむ政治思想であった。

繰り返すが、このドイツの宗教改革者は、現世の秩序は罪に汚染されており、およそ不確実で脆く破壊されやすいものだと考える。それゆえ、そういう現世で曲がりなりにも秩序を実現しようとするならば、そのとき要請される秩序形成の主体は、抑圧的ともいえるほど強力でなくてはならないはずである。つまり、強力な政治権力者が人びとを徹底的に支配するとき、罪によって脆弱になっている現世にはかろうじて秩序が実現するであろう。

しかもここでの強力な政治権力者は、あの家父長主義に由来するイメージを帯びた存在でもある。すなわち、人びとの父親として力を行使する者として、世俗の政治権力者が理解されるのである。いい換えると、愛する我が子のことをおもんぱかるからこそ体罰をふるう父親をモデルにして、ルターは世俗の政治権力者を思い描くのである。

政治権力の行使は本来、家庭内の躾とは性格を異にする。前者は、それ自体必ずしも誤っているわけではない人びとの言動を、おもに共同体内の秩序維持という観点から、場合によっては強制的に方向づけるものである。正邪という言葉を用いるなら、邪だとはいい切れないものさえも処罰する権能を与えられているのが、世俗の為政者たちに他ならない。だからこそ、彼ら彼女らには一般人には要求されない道徳的感覚が期待されているのであるし、この期待に応え通した者たちに古来より人びとは賞賛を惜しまなかったのである。しかし、自分に与えられた権能の行使が相手を一〇〇パーセント善導すると想定されるとき、人は躊躇を覚えなくなる。一点の曇りなき使命感に燃えて力をふるえる。政治権力行使の受け手にしても、それが自分を向上させるものだとして理解し、それに従順に服従することを道徳と見なすようになる。ここに見られる事態は、政治にかかわる倒錯と紙一重である。

六　律法と福音

以上、政治的にはかなり問題のあるのがルターの思想だということを述べてきた。しかも考え込まされるのは、こうした政治思想がこの宗教改革者の福音主義神学の根幹そのものから派生していた、という点である。改めて、ルターの信仰義認説とそこでのロジックを検討しなくてはならない。

おさらいになるが、信仰義認説は、モーセの十戒に代表される律法という道徳規範を、対人的にも対神的にも遵守しえない人間の罪を示すことからスタートする議論だった。律法が命じており、それが遵守できれば救済が約束される善行を、人間はなしえない。だが、それほど罪深い人間であっても、信仰によって無条件で赦され義人とされ、救済される。

なるほどこれは、恵みに満ちた宗教の教説ではある。文字どおりのグッドニュース、すなわち「福音」を伝えるメッセージではある。だがこの教説では、キリスト教徒にとって律法という法規範が克服されるべきものとして処理されはしないだろうか。

要するにここでの問題は、信仰義認説が、「律法から福音へ」という論理的順序に立脚している点にある。福音によって救済を約束されたキリスト教徒たちが、もう一度法規範や法秩序を論じ直すことは難しい。「法の呪い」というべきものから解放された者たちが、どうしてまた法を意識しなくてはならないのか、というわけである。

実は、信仰義認説が内に秘めているアウトローへの法軽視の傾向性は、宗教改革時代からすでに問題にされていた。結局ルターの教説は社会的無秩序を誘発するのではないか。カトリックの論客のみならず、プロテスタント陣営内部においても、この問題を取り上げてルターとルター派を攻撃した人びとは少なくない。外面的な事項を規制する法規範の神学的な地位を回復する手立てはないのか。こうした課題が、ルター以後の宗教改革者に突きつけられることになるのである。

七　ルターの教会観

次代に引き継がれるルター神学とそこから派生する政治思想的問題について、もう一つの論点を述べておこう。本書は西欧世界に展開したキリスト教を考えるに際して、教会という宗教共同体の重要性を、これまでも詳しく論じてきた。そこで、ルターの教会観にも検討が加えられなくてはならない。

特に宗教改革運動を開始した頃に顕著だが、このドイツの宗教改革者は教会というものを、信仰者相互の愛にもとづくコミュニティそれ自体と見なす傾向がある。換言すれば、具体的な制度やルールを細かく考えなくとも成立するのが、ルターにとっての教会だったのである。

「無秩序の神ではなく秩序の神」が聖霊として個々のキリスト教徒に関与している以上、彼ら彼女らは放っておいても立派な共同体を形成するはずではないか。

もちろん私たちは、こうしたルターの主張の意図が理解できる。宗教改革運動は当時のローマ・カトリック教会のあり方が誘発したものであり、ルターの目に映ったカトリック教会の実態とは、形骸化した法や制度が、キリスト教徒たちの霊的生命力を枯渇させていた宗教団体に他ならなかったのである。これに対して、福音主義に立つ宗教共同体は、キリスト教徒が自由に結びつき合い、しかも自生的な秩序を実現するコミュニティでなければならない。

しかし、ドイツの宗教改革者にとって悲劇的だったのは、自身の唱えた理念がカトリック教会からの強烈な反対に遭い、カトリシズムに対抗し続けることができるだけの教会を、現実に確立する必要に迫られたことである。いわゆるルター派教会の形成が要請されたわけである。

ルターは必要に迫られて、自身の影響力が強いとされていたドイツの各地を調査旅行する。出発前には、福音主義の成果が花開いている宗教共同体の存在を見て喜ぶことを期待していたのかもしれない。だが、現実は彼にとって残酷だった。ルターの理念に共鳴して生まれ変わったはずの宗教共同体だったが、どこがプロテスタント教会なのか、否、どこがキリスト教会なのかと疑問視されても仕方ない様相を、少なからず彼は目にすることになったのである。

たとえば聖職者に問題があった。つまり、ルターの教説を学んで納得もしていないのに、「本領邦の宗教は本日よりルター派のそれになる」と領邦君主が宣言したために、本人の考えや意志にかかわりなく「ルター派の」聖職者にされてしまった人びとが数多くいたのである。ルターは、福音主義を知らない福音主義者たちを教会の指導者として抱え込んでしまったことに気づく。彼は、教会で執り行われる典礼や聖職者の位置づけを理論的に整理していったが、この足腰の弱い宗教共同体の擁護を考えていく中で浮上してきたのが、世俗為政者の存在だった。

ルターの活動の拠点であるザクセン地方を治めていた選帝侯は、宗教改革運動の進展を陰に陽に支援していた。しかしそれは、侯がドイツ皇帝やローマ教皇に対抗する政治的な理由によるところ大であるし、慧眼の士でもあるルターがそのことを見抜けなかったはずはない。また、世俗の為政者に対するルターの見立ては、すこぶるネガティブである。『この世の権威について』において、ルターは記す。

世の初めから、賢い君主というのは全く「珍しい鳥」であり、正しい君主というのはさらにより珍しいものであることを、あなたは知るべきである。彼らはおしなべて地上における最大の愚か者であったり、最悪の悪党である。

(同書、四一五頁)

使徒パウロが、「神が立てた」存在だから敬意を払え(「ローマの信徒への手紙」第一三章)、と忠告した相手に対しても、ルターはかくのごとく辛辣である(ルターは、自身の聖書主義からも自由だったというべきか)。それゆえに、他ならぬ教会の立て直しに際して世俗為政者に大きな期待を彼が寄せたことに、私たちは大きな違和感を覚えるのである。

けれども、いまや宗教改革者は世俗の為政者たちに対して、具体的な提案を行うまでになっている。その一つは「臨時司教」である。これは、ある共同体において牧師が急死したなどの場合、すなわち本来の聖職者がしかるべき働きを行えない場合、そのとき世俗為政者は臨時の聖職者として、宗教的な務めを果たしてもよい、とする考えである。これはもちろん、ルターの有名な「万人祭司説」とは矛盾しない。しかし、聖職者が本来の働きを果たせない、との判断基準を厳格に設定しない限り、このアイディアは世俗為政者に宗教へ介入するための機会を与えてしまうだろう。

もう一つは「宗務局」設置の提案である。これは、いやしくも宗教改革を支持する諸侯の領内では、当の諸侯がイニシアティブを発揮して宗教を監督する役所を設けるべし、という主張である。当時のドイツの現状からして、ルターは各領邦という小さな政治的ユニット内での宗教管理しか想定していなかったのかもしれない。けれども、サイズはともかく、これはルター派の教会を国教会とせよ、というアイディアである。宗教に対する政治の優位を黙認する考え方だと指摘されても仕方ない。

こうして、政治権力と名実共に対峙することで現世におけるプレゼンスを高めてきた、中世ローマ・カトリック教会の「政治的な」性格は、ルターによって確かに大いに払拭された。しかし、ここに出現することになった「無垢な」宗教共同体は、その横にではなくその上に、世俗の政治共同体が存在することを承認し続ける限りで、自身の存在が許されていたのである。

第10章　カルヴァン

一　古典研究から「突然の回心」へ

カルヴァン（Jean Calvin：一五〇九－一五六四）は一五〇九年、北フランスはピカルディ地方にあるノワイヨンの街に生まれた。母親を幼くして失っている。父親はなかなかの野心家であったようで、一代で財をなし、土地の名士となっている。ルターの父がそうであったように、カルヴァンの父ジェラールも賢い息子の将来に期待を寄せ、ジャンに当時の出世街道を歩ませようと画策する。そして、ノワイヨンの別の有力者が子弟を遊学するのに便乗させ、ジェラールは息子をパリで学ばせることに成功する。この学問の都で、（カトリック教会の）聖職者にしようとしたのである。

神学の基礎を少年カルヴァンは学ぶことになるが、きびしいトレーニングを課す学寮で、彼は優れたラテン語教師らと出会った。学恩というものに律儀なカルヴァンは、後にパリ時代の恩師をジュネーヴに招き、そこで教師職を提供している。それも理解できる話であって、実はパリ時代、このピカルディ出身の秀才は神学というよりは古典研究の面白さに開眼していたのである。

しばらくして、父ジェラールがノワイヨンの教会当局と衝突するという出来事が起こった。息子を聖職者にしようという考えを父は撤回し、カルヴァンに当時のもう一つの出世コース、すなわち法律家になる道を歩ませようと考える。従順な息子はこれに従い、当時法学教育で有名だったオルレアン大学、そしてブールジュ大学に籍を移すことになった。

法学徒としてもカルヴァンの才能はいかんなく発揮された。ただし、法学部在籍時代にカルヴァンが受けた教育は、古代ローマ法の文言を当時の文脈に即して読み解くという、一種の古典研究である。法学を学べば学ぶほど、古典それ自体の魅力に彼が引きつけられていったであろうことは、容易に想像できる。

そんな折、カルヴァンのもとに、父ジェラールが没したとの報が伝えられる。悲しみは大きかったが、ここに彼は晴れて、誰の指図も受けることなく、自分が学びたいことに取り組むチャンスを得た。ちょうどパリには、時の国王フランソワ一世（François 1er：在一五一五－一五四七）によって、王立教授団が設立されたばかりであった。カルヴァンは、後のアカデミー・フランセーズの母体となるこの研究教育機関に列席し、ラテン語やギリシア語、そしてヘブライ語を習得していく。

著作家カルヴァンのデビュー作は、帝政期ローマのストア哲学者であるセネカ（Lucius Annaeus Seneca：BC四？－AD六五）の注解書である。それは、古典研究者としての資質を読む人に意識させる質の高い作品に仕上がり、カルヴァン自身も、この分野の第一人者エラスムスに対する批判を交えるなど、出来栄えにはずいぶんと自信を持っていた。しかし売れ行きは芳しくなかったようで、友人に対し、この本を教科書として採用してほしいなど、涙ぐましいセールスをカルヴァンその人が行っている。

ところで当時、フランス王国内においてもルターとそのメッセージは、人びとの話題になっていた。ドイツの地からは宗教改革を訴える文書が数多く輸入され、これに影響された人びとはフランスにおけるキリスト教も福音主義に立たねばならないと訴え始めていた。それに対する弾圧も繰り返されるようになる。ここにカルヴァンは、古典語学習の一環として始めていた聖書研究に照らし合わせて、キリスト教信仰のあり方を深刻に問い直すようになる。そして、彼いうところの「突然の回心」を経て、宗教改革運動に参与することが自分の生きる道だ、との決心を固めた。

このことにより祖国フランスを追われることになったカルヴァンは、北イタリアや南西ドイツを転々とする生活を余儀なくされる。一五三六年、今日のスイス連邦西端にあるジュネーヴを訪れたのも、ライン川沿いにある都市ストラスブールに向かう途中、短期間の宿をとるためであった。しかし、直前に『キリスト教綱要（*Christianae Religionis Institutio*）』（初版）を著して福音主義神学の体系化に成功した人物の滞在は、すぐにジュネーヴ市民に知られるところとなる。この街ですでに宗教改革運動を始めていた指導者ギョーム・ファレル（Guillaume Farel：一四八九－一五六五）はカルヴァンを訪ね、このレマン湖畔の都市共和国における福音主義の浸透に関し、協力を要請した。初めはこれを固辞するカルヴァンではあったが最後には折れ、以後、ジュネーヴを本拠地にした宗教改革運動に彼は尽力する。

その後、数年に及んだジュネーヴからの追放、市民からの嫌がらせ、市政府との対立を、このフランス人亡命改革者は経験する。この間、宗教的な異端セルヴェ（Michel Servet：一五一一－一五五三）の処刑にかかわったことで、彼はその不寛容さを元・同志のカステリヨン（Sébastien Castellion：一五一五－

去るのである。

一五六三）からもきびしく非難されることとなる。だが、カルヴァンは屈せず、『キリスト教綱要』の改訂、膨大な聖書注解の執筆、週数回に及んだ教会での説教、ヨーロッパ各地の宗教改革者たちとの連絡、神学論争、そして宗教的亡命者たちの生活の世話などに、この改革者は文字どおり身を粉にして勤しむ。こうして、後にカルヴィニズムと称される強固な思想を弟子たちに伝え、一五六四年、彼は世を去るのである。

二　初期福音主義神学の問題

一五〇九年生まれというから、カルヴァンはルターと一世代ほど歳が離れている。最初期の宗教改革運動が引き起こすことになった諸問題はほぼ出揃った。その中で、本章に関係が深いものを二つほど指摘しておこう。

まずカルヴァンが生きた時代に、対抗宗教改革／反宗教改革（Counter Reformation）が本格化する。その象徴ともいえるのがトリエント公会議の開催に他ならない。

公会議それ自体は、何度かの中断はあったものの、一五四五年に始まり、一五六三年に閉幕した。そこで目指されたのは、ルターの宗教改革で反省を迫られたローマ・カトリック教会の立て直しである。実際、一六世紀前半ルター派が支配的だったヨーロッパの各地域は、世紀の後半、カトリックが次々に奪い返した。

もう一つ、対抗宗教改革以上にカルヴァンによって深刻に受けとめられたのは、宗教改革急進派（Radical Reformation）の台頭である。

このグループは「再洗礼派」とも呼ばれ、その中に様々な立場を抱えることになるが、もともとはルターやツヴィングリ（Ulrich Zwingli：一四八四－一五三一）ら第一世代の改革者の継承者だという自負を共有している。しかし、その中の一部は次第に過激化して、ヨーロッパ各地で一揆を起こした。特にカルヴァンにとってショックだったのは、一五三五年、ドイツのミュンスターで急進派がなした都市政府の掌握である。急進派が支配したミュンスターは混乱を極め、狂信の徒と化した人びとは周辺の諸侯が率いる治安部隊によって徹底的に弾圧されることになった。結果として、プロテスタントは社会秩序を破壊する輩だ、とのイメージがヨーロッパ中に広まった。翌年公刊された『綱要』初版の献辞においてカルヴァンは、国王フランソワ一世に、自身が掲げる福音主義は急進派の唱えていたそれとは無関係である、との弁明に追われることになる。

このような時代が与えた課題に鑑みるとき、第二世代の改革者は二正面作戦を余儀なくされていた、といえる。あえて「右」と「左」といういい方を用いるのであれば、カルヴァンはまず、体制を立て直して反撃に転じていた「右」のローマ・カトリック教会に対して、プロテスタンティズムを改めて擁護しなくてはならなかった。その一方で彼は、「左」に位置する宗教改革急進派と距離を置かなくてはならない。そしてこれら両極にある課題はつまるところ、第一世代の、特にルターの神学の弱点に由来するものだったといえる。つまり、宗教改革が生み出した福音主義神学は、ルター的なものにとどまる限り、少なくとも政治的には、カトリックに対しては防御的にならざるを得ず、逆に急進派に対しては距離が取りにくくなってしまうのである。

ここでいうルター神学の弱点、それは、ドイツの改革者における福音主義神学の構築の仕方にかかわっていた。つまり、「律法から福音へ」という論理構成をとる信仰義認説を中心にした神学の構築の仕方である。

法規範論を積極的に展開しにくいこの神学では、たとえば一方で、プロテスタント教会の法的な組織化にかかわる議論が困難になる。それでも教会の秩序化という課題を直視すると、いきおいルターは、世俗為政者たちの個人的なイニシアティブにもっぱら期待せざるを得ない。ドイツの領邦で運動を展開しようとしたルターは、領邦君主たちに臨時司教になってもらおうとするし、あるいはまた宗務局を設置するよう願うことになる。いわば政治主導の形で、ルターは自身の教会を保持しようとするのである。

他方、およそ法規範というものはキリスト教信仰にとって、そもそも齟齬をきたすものだ、という意識がプロテスタンティズムの中に生じる。急進派の主張がそうであった。このとき、彼ら急進派にしてみれば、自分たちこそがルターの正統な後継者だ、という確信さえ生まれる。そして、世俗の法秩序に妥協した（と見なされた）ルターその人を攻撃し始め、宗教改革陣営を混乱させ、最後には一揆沙汰にさえ及ぶ。結果として、プロテスタントに対する周囲の警戒心をますます強めることになる。

ルター的なプロテスタント神学が次の世代に残した宿題とは、こういうものであった。ではジュネーヴの改革者はこれにどう立ち向かっていったのだろうか。

三 「聖化」から「義認」へ

カルヴァンの福音主義神学において注目に値するのは、二つの論理転換である。その第一は「聖化から義認へ」であった。

用語の解説をしておこう。「聖化（sanctification）」とは、人間の思いや行いそして存在そのものが、神によって、神にふさわしいものに、つまり神に似たものへと作りかえられていくことを意味する。「義認」については、ルター神学の説明に際してすでに取り扱った。

さて、カルヴァンその人も決して信仰義認を無視するわけではなく、強調しさえする。それは、福音主義の輝かしい遺産だからである。また、実存的なレベルにおいても、信仰のみによって義とされたことは、およそ改革者と呼ばれた人たちに共通する喜びの源泉であり宣教の根本的な動機である。

だがカルヴァンという人に特徴的だったのは、彼が、経験的かつ実存的な重要性と論理上の重要性とを区別して考えることのできた点である。一人の人間の救済体験は、義認という局面において最もはっきりと感じられる。それは間違いないし、カルヴァンもそれを経験した。けれども、そのことを説明するに際しては、論理的に後回しにしてもよいし、そうする方がよい場合もある。

かくしてジュネーヴの改革者は、福音主義神学を体系化するに際して、記述の順番として「聖化」論を先にする。なぜか。まずキリスト教的な救済の大枠を示したいからである。つまり彼は救済を、神が聖なるものであるように、同じく人間が聖なるものとなることだ、と見なす。そしてこのことを説いた後、彼は救済の論理の、しかも決定的な一要素として、義認を説明する。換言すれば、カルヴァンによってキリスト教徒の生活全体は、聖化のプロセスだとされた。義認は、そのプロセスの決定的ではあるが起点にとどまる。そうした主張をこのような論理で行うことのユニークさ。それは彼自身、充分に自覚しているところであった。カルヴァンはいう。

この第二の恵みである「再生」〔「聖化」と同義〕については、十分と思われるだけ語っておいた。それで「義認」の道理について触れるだけが残された。というのも、この件に関して先ず理解しておくべきことは、神の憐れみによって価なしの義を受けるための唯一の道である信仰は善き行ないについて決して無為ではないということだからであり、また他方、この問題が一部関わる聖徒の善き行ないとはどのようなものであるかを理解すべきだったからである。

（ジャン・カルヴァン、二〇〇八年、二一一頁）

そしてこの引用文でもう一つ目を引くのは、聖化を先に取り扱うのは善き行いを強調したいからだ、とされている点である。聖化を意識するキリスト教信仰は、外面に現れ出る行為の問題を決して蔑《ないがし》ろにはしない。かくしてキリスト教信仰は改めてプロテスタンティズムのそれにおいても、行為を積極的に論じうる視座を得たのである。

四　「福音」から「律法」へ

さて、次に問題になってくるのは、行為をどう方向づけるか、ということである。人々に漠然と善行を呼びかけるだけではいけない。いかなる原理原則に従って、しかも福音主義に適った原理原則に従って、プロテスタントは行為を律していかなくてはならないのだろうか。このとき、カルヴァンの神学で要請されることになったのが、「福音から律法へ」というロジックである。

一五四二年、カルヴァンは「カテキズム（Catecisme）」を著す。「ジュネーヴ教会信仰問答」とも呼ばれるものだが、カテキズムとは、問答形式でキリスト教教理のエッセンスを、主として教会員の子弟に教えるテクストである。古代より、キリスト教会はこれを用いた教化を行ってきた。その意味では、宗教改革の指導者がこうした作品を生み出すことは当然といえば当然のことだし、何より、ルターもカテキズムを複数著している。

ただし、子供向けとはいってもそれは、執筆者の神学が表現されているテクストである。しかもそれは単なる抽象的な教理の解説にとどまるものでなく、教会という宗教共同体をどのように理解し、どのように人びとに担ってもらいたいのか、そうしたより実践にかかわる問題に踏み込むものである。そして事実、興味深い神学的な論理展開が一五四二年のテクストでは示されている。

この著作でカルヴァンはまず、イエス・キリストにおいてなされた罪人救済に信頼を寄せるように説く。つまり「福音」を説明する。そしてその後で、救済に対する人間の側からの感謝を、「律法」に対する服従で表明していくことが教えられる。神の救済に対する人間の応答は行為を重んじるが、その行為は、神が設定した律法という指針に則して規律させられるべきなのである。重要な個所を以下に示す。

問一二六　しかし善い行いをしなくても、わたしたちは義とされたことを信じることができますか。
答　それは不可能です。なぜなら、イエス・キリストを信じるとは、わたしたちに与えられたままにかれを受け入れることです。かれはわたしたちを死から解き放ち、御自身の罪のないことの功績によって父なる神の恵みのなかにわたしたちを入れる約束をしただけでなく、聖霊によってわたしたちを新しく生まれさせ、聖なる生活をさせる約束をしました。〔中略〕
問一三一　神は、わたしたちが自らを律するために、どのような規則を与えましたか。

答　神の律法です。

（ジャン・カルヴァン、二〇一一年、四四五–四四六頁）

カルヴァンにしてみれば、福音主義にもかかわらず、ではなく、福音主義だからこそ、福音への応答手段としての律法が尊重される、ということだろうか。いずれにせよ、少なくとも法が福音主義と矛盾するものではないことをジュネーヴの改革者は訴えたのである。

まとめると、カルヴァンは、「聖化から義認へ」という論理構成を採用することで、プロテスタント神学において「行為」の、そして「福音から律法へ」というそれを採用することで「法規範」の、それぞれの名誉回復を果たしたのである。

五　自律的なプロテスタント教会の形成へ

ただし、今や積極的な価値を付与された行為にしても法規範にしても、これらをカルヴァンはただちに世俗領域に適用することはなかった。本章の冒頭で触れたように、彼には急進派のトラウマというべきものがあったからである。つまり、神学の議論がそのまま世俗の社会に適用されることに、ジュネーヴの改革者は非常に慎重だった。『キリスト教綱要』では、議論にドライブがかかりすぎたと感じるたびに、何度となく霊的事項と世俗的事項との峻別を説くカルヴァンの姿が見てとれる。

結果として、行為や法規範にかかわる議論を、カルヴァンは第一義的には宗教共同体の領域に向かわせることになる。カテキズムという（未来の）教会員を育成するためのテクストで法規範の重要性を説いたところに、典型的に示されたとおりである。こうして、カルヴァンによって福音主義に立つキリスト教会は、法意識で裏打ちされた組織性を兼ね備えるようになっていく。その成果を私たちは、彼による「ジュネーヴ教会規則（*Les Ordonnances ecclesiastiques de l'Eglise de Geneve*：一五四一）」というプロテスタント教会法の作成に見いだすことができる。

この教会法の特徴を二点ほど指摘しておこう。まずそこでカルヴァンは、教会員の生活に対して監督と指導を行う制度を提唱している。いわゆる「長老会」である。ここでいう長老とは理念的に、主として敬虔さの基準によって選出された俗人の教会役員で、彼らは聖職者と共に教会員の規律化を図る。ジュネーヴ市内で不品行や瀆神、そして異端の疑いをかけられた人はこの長老会に出頭を命じられ、申し開きすることが求められ、場合によっては官憲の手に引き渡されることになった。要するに、その神学にもとづき「聖化共同体」とも呼べるようになったカルヴァンの教会は、内部に権力行使の装置を抱え込むようになったのである。

こうした教会形成の是非については、ここでは問わない。しかし強調したいのは、このカルヴァンの教会とルターの教会観との距離である。ドイツの改革者は、特にその初期において、構成員の自発的な愛によって成立するコミュニティとして、キリスト教会を思い描いた。それと比較するとき、カルヴァンの教会が帯びている峻厳さは異彩を放っているといえよう。

もう一つカルヴァンの教会法との関連で述べておきたいのは、その機構である。長老会が聖職者と協働してジュネーヴ教会員の監督にあたることは先に述べたが、そこでの判断が誤りうること、そして教会内に混乱が生じる可能性があること、これらのことについてもカルヴァンは無自覚ではなかった。

そこで彼は、教会内にピラミッド的な複数の審級を設ける。下位のレベルで解決を見ない問題については一段上の、場合によっては二段上のレベルで協議し直そうというわけである。こうした機構上の青写真にも特筆すべきことがあって、第一に、どのレベルでも判断を下すのは合議体だとされている。これは、特定の個人の判断が重んじられることを回避しようとの意図から考え出されたことであり、ここに人は教皇制に対するカルヴァンの批判を確認できるであろう。第二に、とりわけ注意を促したいのは、教会内の紛争処理を複数回行おうとするカルヴァンの意図である。つまりここでは、教会で生じた問題を教会内で、教会固有の論理に従って解決することが考えられている。あるレベルで処理できなかった問題にしても、それを教会外の人物や機関、たとえば世俗の為政者に委ねてしまうことをジュネーヴの改革者は極力回避しようとしているのであり、それだけ教会の自律性が重んじられているということである。

六　ユグノー戦争の思想的背景

さて、カルヴァンの宗教共同体論について説明を積み重ねてきた。これは一見するところ、世俗政治の問題とは関係ないようであり、カルヴァンその人も、たとえば自身の教会制度論が世俗の国家の制度論に反映されるべきだとは、あまり考えていなかったようである。ただし、改革者の意図とは別に、一六世紀にあって世俗の論理から切り離された自律的な宗教共同体を形成しようとすることは、実は多分に政治（思想）的な意味を持っていたのである。政治思想史のアイロニーがここにはある。

というのも当時、所によっては絶対主義の確立に向けて歩み始めていたヨーロッパの諸国家は、教会を支配下に治めることで、人びとの体のみならず心も支配しようとしていたからである。キリスト教会が国家の統治構造の一部門になろうとしていたこの事例を私たちは、ドイツであれば領邦教会制に、イングランドではその名も英国「国教会」の確立に見てとることができる。

そうした同時代の政教関係にかかわる潮流を念頭に置きながら、カルヴァンの政治思想史的意義を語ろうとすれば、どういうことがいえるだろうか。結論からいえば、彼は（期せずして、というべきか）、教会という宗教共同体と国家という政治共同体とが相対峙して、お互いがチェック・アンド・バランスの関係に置かれるビジョンを提示していたのである。中世的、ともいえるビジョンである。

当然のことながら、これは、当時の政教関係の趨勢とは相容れないものである。自律的な教会の形成は、絶対主義化しつつある世俗政治権力との対決を避けられない。そしてそのことを明らかにしたのがフランス宗教戦争、すなわちユグノー戦争（一五六二―一五九八）である。

カルヴァンとその弟子たちは最後まで、フランスの地におけるヴァロワ王朝の正当性は疑っていない。また、繰り返しになるが、カルヴァンその人の関心は非政治的ともいえるもので、宗教共同体の立て直しに向けられていた。しかし、時代はそのような政治の論理に巻き込まれない団体の存在を許さない流れにあった。それゆえ、フランス王権は「一つの王国、一人の王、一つの教会」の原則に従って、最終的にカトリックの信仰を国民に課そうとする。そしてそのとき、カルヴィニズムは一斉に反発に転じるのである。信仰を、とはいわない、教会を守るためである。

実際、国家の側からの弾圧に対して、組織性に秀でたカルヴァン派の教会は、これを支持するフランス貴族の援助もあって、王権に徹底抗戦する。そして、最強を謳われたフランス国王軍を苦しめる。戦乱は半世紀近くにも及び、この過程の中から重要な政治思想的著作が生み出されることになった。カルヴァンの愛弟子テオドール・ド・ベーズ（Théodore de Bèze：一五一九－一六〇五）は『為政者に対する臣民の権利』を、ユニウス・ブルトゥス（偽名）は『僭主に対するウィンディキアエ』を著すが、これらカルヴァン派の思想家たちは、世俗政府が信教の自由を侵しえないことを論証し、「抵抗権」思想の確立に寄与することになるのである。

七 「主権」への希求

しかし、宗教の世界というものは、足して二で割れない、妥協を許さない世界である。だから宗教をめぐる闘争は、ほとんど必然的に泥沼化する。現代においても、その痛ましい事例を私たちは世界各地で目撃してきた。

そのため、宗教の名による流血沙汰が長く続くと、宗教そのものに対する不信感や嫌悪感が生じることになる。フランス宗教戦争のときもそうだった。この時代に生きたモンテーニュ（Michel Eyquem de Montaigne：一五三三－一五九二）は、国内の混乱を目の当たりにし、神を抗争の道具にする人間の姿を嘆いたが、宗教的真理はもういいから、永遠に続くかのような殺戮を止めてくれ、との切実な思いが少なからぬ人びとに共有されたであろうことは想像に難くない。

ここに、宗教をも、ということは神をも超越する秩序形成の主体が、希求されることとなる。そして、近代国家のメルクマールである「主権」が構想される素地が生まれる。近現代の政治理論にとって宿痾《しゅくあ》ともいえる主権が世に問われたのは、政治共同体とは別の強固な（宗教的）共同体が最後の輝きを放っていて、前者が後者の克服を目指す、その過程の中でであった。

八　宗教改革期における「終末意識」復興とその政治思想的帰結

さて、宗教改革後の時代に入っていく前に、本書全体が重んじている視点から、ルターとカルヴァンの政治思想史的意義を考えておこう。ここで注目したいのは、宗教改革者たちの神学的主張が『終末意識』を反映していた点である。

中世の神学と比較すると、問題の所在が明らかになるだろう。すでに示唆してきたように、宗教改革に先立つ時代の神学は、存在論的な性格が強いものだった。そこでは、創造者であり最高の「存在」である神と、その神によって「存在させられた」事物や人間との関係が主要問題とされた。また、そこから派生して、人間同士の正しい関係が存在しているとの前提が中世にはあって、人びとが社会や政治を考えるにしても、それは、この前提を正しく認識し、そしてそれに照らし合わせることを通じてなされた、といえる。

このことは、中世では、キリスト教を成り立たせている思想的要因のうち「共同性」が人びとの政治にかかわる思考をおもに支配していた、ともいい換えられる。たとえばトマスでいえば、本質をあらかじめ規定された存在同士がどう共存するべきかという問いが立てられ、それへの解答があの階層秩序的な世界観から引き出されていたのである。

ところで、一六世紀の宗教改革運動が中世キリスト教神学の批判に由来していた以上、「共同性」に導かれながら政治的な営みを捉える思考法も、そこでは相対化されることになる。代わって浮かび上がってくるのが、「終末意識」を反映した政治思想である。特に宗教改革急進派の一部はこの意識を先鋭化させ、世界の終末が間近に迫ったとの視点から、既存の宗教的および政治的秩序の不当性を訴え、これらを全面的に改変しようとする運動をヨーロッパ各地で行った。

では本書が注目しているルターとカルヴァンはどうか、ということだが、両宗教改革者とも急進派に与することはない。それはあまりにも現世の秩序を流動化させるからである。しかし興味深いことに、比較的マイルドではあるにしても両者の「終末意識」には相違があり、それが政治思想に影響を与えている。

まずルターであるが、彼の終末意識の内容は、それ自体としては素直である。つまり、このドイツの宗教改革者によれば、現世は明日にでも終わる。キリストが再び地上に登場して最後の裁きを行うのは間近だ、というわけである。彼のこうした終末意識は、非キリスト教的な政治勢力であるオスマン・トルコが当時キリスト教世界としてのヨーロッパに攻勢をかけてきたことによっても強められた。

こういう視点に立つとき、現世および現世を秩序づけるものに対する評価は低くならざるをえない。事実、彼は（農民戦争以前ではあるが）世俗為政者たちに、彼らの勝手気ままな統治が神の許容範囲を超えたことを指摘した上で、それを彼らが欲しいままにできた時代は過ぎ去った、と警告を発している。

これに対しカルヴァンの終末意識は、少なくとも政治思想的に見た場合、屈折を伴っている。

現世のはかなさについては、カルヴァンも認める。それどころか、そうした現世におけるキリスト教徒の歩みを、彼は「十字架を背負うこと」にたとえさえした。しかし、ここで彼の考察はただちに、労苦に満ちた現世にキリスト教徒が神によって置かれた意味に向かう。そしてそれを、現世における訓練に認める。つまり、キリスト教徒が現世を生きるのは、終末に完成を見る神の国にふさわしくなるためのトレーニングを受けるためだ、というのである。本章でも触れたように、カルヴァンにおける聖化の重視は、こうした考察を伴うものでもあった。

そして、ここでの議論が展開される中で、ジュネーヴの宗教改革者の目には、現世を秩序づけている制度やルールそして権力も、聖化のためのいわばトレーニングマシーンとして映ることとなる。このとき、マシーンである以上、それに対する単なる盲目的忍従はありえない。制度やルールそして権力は、それらをキリスト教徒にあてがった神の意思に適うものでなければならない。

実際、カルヴァンに学んだ者たちの多くは、ヨーロッパ各国の諸統治機関を否定ではなくいったん承認した上で、それらを自分たちの宗教的な理念に即した仕方で積極的に用いる術を身につけていく。その代表的なものとして、ここでは、三部会を根拠にして王権に対する抵抗を論じ実践したフランスの事例、また、立憲主義の伝統に訴えながらピューリタン革命を引き起こしたイングランドの事例を挙げておこう。

このように、「終末意識」は現世の秩序を相対化する視点をキリスト教徒に培う。しかし問題は相対化から何に帰結するかであって、単純化していえばそこからは政治という営みをめぐり、それを忌避しようとする姿勢も、忌避した上で新しい秩序を作りだそうとする姿勢も、それに無関係でいようとする姿勢も、そして、相応の意味づけを与えた上でそれを手段化しようとする姿勢も、等しく引き出すことができるのである。そして、こうした「終末意識」の政治思想的アウトプットは、近現代の少なくともプロテスタンティズムが支配的な世界で、宗教と政治の関係に多様性をもたらすことになる。

第5部

近現代の教会と国家

いくつもの宗教戦争を経た近代ヨーロッパでは、公的領域で市民が相互に分裂するのを回避するために、宗教を人びとの内面だけにかかわるものとする理解が強まっていく。しかし、最終的に市民道徳論となってしまう宗教は、かえって周囲の環境の影響を被りやすく、たとえば同時代に高まったナショナリズムに抗することができなかった。したがって現代ヨーロッパの神学は、純度の高い宗教性を保ちつつ、どのように政治に対して批判的かつ建設的な距離を取るべきか、という問いに取り組むようになる。他方、近現代史で大きな存在感を示すことになるイギリスとアメリカでは、自発的結社として教会を捉える傾向が強い。その結果、そこでは教会は、人びとの間で自由の意識を培う装置として作動する。だが、共同体にかかわる問題が過度に自発的結社のモデルに引きつけられて処理されるとき、非自発的結社の典型である国家に対する見方にも独特なバイアスが生じるのである。

第11章　プロテスタンティズムと敬虔主義

残された章で、宗教改革後の一七世紀から約四〇〇年間を取り扱う。「教会史」の教科書では通常丁寧に描かれる時代だが、本書はこれを極力ひとまとめにして論じることとした。理由は以下のとおりである。

第一に、一七世紀から始まる数百年をワンセットにすることで、この時代に帯びることになったキリスト教（神学）の特徴がはっきりと浮かび上がってくるであろう。しかもそれは、今日の特に先進国で生きる人びとの宗教観にも影響を与えている。つまり、以下で示されるキリスト教（神学）の姿は私たちにとっても決して無縁ではないのである。別のいい方をすれば、非先進国において今日もしばしばエスカレートする政教問題に私たちは驚いたり嘆いたりするのであるが、そのとき私たちの抱いている宗教観がいかに特殊なものであるか、そのことを反省する契機に、以下の考察はなりうるであろう。

もう一つ重視したいのは、キリスト教世界の文字どおりの拡大がこの時代に起こった点である。念頭にあるのは、いうまでもなく、北米大陸におけるアメリカ合衆国の誕生である。古代地中海世界の諸都市における布教から始まったキリスト教は、ここに、フロンティアと呼ばれる広大な自然空間での浸透という新たな課題に直面する。そして筆者はここでも、キリスト教（神学）の新しい特徴を確認するものである。しかもそれは、一方ではアメリカの（太平洋をも越える）「西進」と、他方ではアメリカそれ自体の国際社会におけるプレゼンスの高まりと相まって、これまた現代日本に生きる私たちの宗教観に大きな影響を与え続けていると思われる。つまり、今日にあって日本人がキリスト教を語るとき、それはアメリカン・クリスチャニティを語ることと同義だ、といっても過言ではないのである。

こうした問題意識にもとづいて、以下、近現代のキリスト教（神学）とその政治との関係を考えてみよう。なお、本章から始まる近現代のヨーロッパ大陸を舞台とした記述に際しては、ドイツのプロテスタンティズムが特に重視されることになる。近現代にあってもカトリシズムが世界の多くの人びとに影響を与え続けていることはいうまでもない。特に一九六二年に開催された第二ヴァチカン公会議は、古代以来の伝統を誇るカトリシズムが現代世界に対していかなるスタンスで臨むかを教会内外に明示した点で、画期的な出来事だった。そこで説かれた現代文明との協調路線の確立に貢献したカトリック神学者たちの思想も興味深い。ただし、筆者に近現代のカトリシズムを論じる用意が不充分であることはさておき、後述するように、特に現代の（悲劇的な）政治的出来事に対するキリスト教の側の責任を明らかにするためにも、ドイツ・プロテスタンティズムの動向を確認することには、重要な意味があるはずである。

一　教派の「棲み分け」と教理の体系化

キリスト教神学史の教科書では通常、プロテスタンティズムにとっての一六世紀後半から一七世紀前半を、「正統主義」の時代と呼ぶ。その意味するところは、プロテスタントの各派が「われわれこそが、『正統な』キリスト教の教理を体系的に提示できるのだ」と競い合った時代、というものである。ここでの神学の特徴としては、各派とも自分たちの神学に論理的な一貫性を過度に求めたことが指摘できる。そしてそこから、この時代のキリスト教徒には、自身の属する教会が提示する「正しい」教理を知性によって承認することが強く求められることとなった。要は、「よきキリスト教徒とは、自分が所属する教派の教理をそのまま受け容れられる人である」という理解が一般化した、ということである。

宗教にかかわる時代の雰囲気がこのように変化した点については、いくつかの原因が指摘できる。特にドイツに関していうと、そこでは一五五五年の「アウグスブルクの宗教和議（Augusburger Religionsfriede）」の結果、カトリックとルター派（そして一六四八年のウエストファリア条約後は改革派）の地理的な勢力図が確定してしまったことが重要である。「領主の宗教が、その地の宗教（cuius regio, eius religio）」との標語で記憶されることの多い和議内容ではあるが、その結果たとえば、南ドイツのバイエルンでは、カトリックが領邦教会、すなわち「ミニ国教会」になった。同様に、東北部ドイツの領邦ザクセンではルター派が（後になると中部ドイツの領邦プファルツでは改革派が）政治的力関係から領邦単位での国教会とされ、そのことが固定化される。

こうなると、どういうことが神学の世界で起こるか。一六世紀前半にあっては、たとえばプロテスタント陣営はカトリックを意識し、後者の教説の矛盾や聖書テクストとの齟齬を指摘して、自分たちの側に理があることを人びとにアピールした。あくまでカトリックの諸教説を前提とした理論的「局地戦」で、個々の勝利を積み重ね、結果として福音主義（神学）に対する人びとからの支持を調達しようとしたのがこの時期である。

ところがいまや、カトリックや他派のキリスト教徒を自派に奪還しようとすることは、宗教和議が成立して教派の「棲み分け」がなされるようになった以上、問題にならなくなった。キリスト教各派は改めて、自派の教理の体系化に専念できる余裕を持ちうるようになる。その際、当時の北イタリアで研究の見直しがなされていたアリストテレス論理学の神学への適用がここで貢献したことも、無視できない。そして、体系化した自派の教説を「領邦教会員」としてのキリスト教徒に体得させることが、各派にとって重要課題となったのである。

かくしてこの時代、キリスト教各派の教説を一貫した原理原則のもとにまとめ上げた教義学書が相次いで刊行されていった。また、そうした教義学書にもとづいたカテキズムも次々と作成され、教会員の教化が図られる。プロテスタンティズムの世界においても「スコラ化」と呼ばれるような神学的かつ教育的な営為が積み重ねられるようになった。容易に想像できるように、この過程で生み出されるのは、いわば「頭でっかち」なキリスト教である。もとより宗教が人間の知性に訴えるものでもあることは疑えないが、宗教の宗教たるゆえんはそれだけではない。何より、過度に知性に訴える宗教の受容は民衆には無理である。草の根レベルで、「宗教」と称されるものに対する疎外感が高まる。知性に必ずしも回収されない宗教への希求が高じてくる。

二　ドイツ・プロテスタンティズムの歩みと敬虔主義

だが一七世紀の後半ともなると、正統主義が支配的だったヨーロッパ宗教の様子に変化が生じる。それを担ったのが敬虔主義である。

敬虔主義とは、読んで字のごとく、キリスト教における敬虔さということを重視する立場である。プロテスタントでいえば、正統主義の時代に「頭」でばかり神の言葉を受けとめようとしていたことへの反省が高まり、それは「心」で受けとめるべきもので、かつ、それに適った生活も大事にすべきだ、という信仰復興運動である。私たちが「あの人は敬虔なクリスチャンだ」というとき、念頭に置いてある「敬虔さ」ということを重んじる立場、といえばイメージしやすいだろうか。神学史的には、この敬虔主義はドイツで、三十年戦争後の一六七五年、シュペーナー（P. J. Spener：一六三五–一七〇五）が『敬虔なる願望』を著したことから始まったとされるが、それを大成させたツィンツェンドルフ伯爵ニコラウス・ルートヴィヒ（Zinzendorf, Nikolaus Ludwig, Graf von：一七〇〇–一七六〇）の次の言葉に、敬虔主義による正統主義批判は端的に示されている。

> 彼ら〔正統主義者たちのこと〕は教理問答集を覚えさせ、説教集を頭に入れさせ、あるいはせいぜい神の存在や属性についてあらゆる種類の理にかなった証明を示すことによって真理と知識を学ばせることができ、それが回心の最高の方法であると考える。しかし、これは倒錯的な方法である。〔中略〕信仰と見なされている神的な事柄に関する知識が、他の事柄と同様に信仰の一つの付属物であるとして、それが増大しても、そこから何も生まれてこない。
>
> （アリスター・E・マクグラス、二〇〇七年、一五四頁）

さて、このようにイメージとしては一般的なそれで理解できる敬虔主義であるが、その内実を検討していくと、いくつかの興味深い特徴を指摘することができる。

第一に、ドイツ・プロテスタンティズムの土壌で生育した敬虔主義は、端的にいって宗教改革者ルターの信仰の徹底的な深化を目指す運動である。それゆえドイツ敬虔主義は、正統主義によって宗教的活力が神学的にも制度的にも硬直化してしまったルター派教会に対する批判を行うのであるが、その際にあっても、ヴィッテンベルクの宗教改革者が提示した信仰のあり方そのものを否定することはない。敬虔主義が反対するのは、ルター派の正統主義であっても、ルターその人では断じてないのである。

第二にドイツ敬虔主義では、内面的信仰によって結ばれた共同体の形成が推奨された。ただし、既存の教会から独立した宗教共同体を作ろうとする傾向は必ずしも強くなく、むしろ、既存の（ルター派）教会の内部にとどまり、その中で志を同じくする者たちが信仰的にピュアなグループを作ろうとするのである。ツィンツェンドルフ伯はモラヴィア兄弟団というグループを結成し、同時代のアングロ・サクソン世界のキリスト教指導者たちにも注目されることになったが、その彼にしても、他の敬虔主義者たちとの論争を嘆くことはあっても、晩年に至るまで既存のルター派教会との関係は比較的良好であった。この点で、ドイツ敬虔主義は、アングロ・サクソン世界におけるピューリタニズムとは趣を異にする。論者によってはピューリタニズムの運動を広義の敬虔主義に加えるし、それはそれで間違ってはいない。けれどもピューリタニズムは、既存の教会から分離独立して独自の信仰共同体を結成する。そしてそのことが、少なからぬ政治的な意義を持つことになるのである。このことは後述する。

さて、敬虔主義を私たちが重視するのは、それが極めて重要な思想の流れの源泉となっているからでもある。しかもここでいう思想の流れは多くの場合、「敬虔さ」という言葉が導くイメージとは相容れず、しかも現代に生きる私たちの宗教観と親和性を持つものにもなっている。思想史のアイロニーを確認する意味でも、この点を述べておこう。

まず指摘したいのは、（人文）科学的な聖書研究が敬虔主義から生まれたことである。特にドイツでは、聖書に立脚して中世ローマ・カトリック教会の批判に転じたルターの影響のもと、聖書に対する関心がもともと強かった。しかし正統主義の時代になると、聖書そのものが発信するメッセージをより深く理解しようというよりは、ルター派神学の組織的一貫性の追究の一環で聖書に言及がなされるようになる。聖書の取り扱いにしても、この時代、神学構築のデータ集としてこの「神の言葉」を処理しようとする傾向があった。

こうした反省がなされる中、敬虔主義が人びとの支持を集めるようになる。ところで先に触れたように、敬虔主義は内面性を重じるが、このとき、宗教的生の場は、特に個々人の「心」に設定されることになる。逆に人間の内面性を構成するもう一つの「頭」には、聖書テクストが発信しているメッセージを正確に把握することが期待されるようになる。敬虔主義の立場からすれば、正統主義の誤りは「心」が扱うべき事柄に対して、教派の主張にとらわれた「頭」を過度に介在させた点に求められるのである。「心」と「頭」を区別して、宗教的敬虔さを担う前者と科学的研究を担う後者それぞれの自律性を認めればよいではないか。このように、学問的な聖書テクストの分析は、敬虔主義のキリスト教が内面性を重んじるにもかかわらず、ではなく、内面性を重んじるからこそ、いまや大胆になされることになったのである。

もう一つ、ドイツにあっては敬虔主義が啓蒙主義台頭の露払い役を務めることになった歴史のアイロニーにも言及しておきたい。

アイロニー、といった。一見したところ、敬虔主義と啓蒙主義は対極にある思想の立場と思われがちだからである。たとえが適切かどうかわからないが、素朴な信仰を抱いて教会堂の片隅で一心に祈る老婆の姿と、非合理的なものを容赦なく批判し尽くそうとする教養人の姿。両者の間に連関性を見いだすことはおよそ困難である。けれども、敬虔主義者と啓蒙主義者とは、少なくともある一点で合意できる。すなわち両者とも、「心」と「頭」の違いはあっても、他ならぬ自分自身の内部にあるものが知覚したものを重んじる、という点である。

敬虔主義は、正統主義がルター派教会を形骸化させたのを嘆いた。キリスト教信仰が頭でっかちになり、内面性を伴わなくなっていることを憂えた。だが先述したとおり、そのように堕落した（と見なされた）既存のルター派教会から多くの敬虔主義者たちは飛び出しはしない。このとき、既存の教会の内部にとどまって、しかもピュアな信仰を保とうとするからこそ、敬虔主義者たちの内面性というものに対する思い入れは先鋭化する。高揚した緊張感を伴って、彼ら彼女らは周囲に対し自身の「心」の純度を保とうとする。

各人の内面性の尊重という点では、啓蒙主義も同じである。啓蒙とは何か、という問いに対する回答をカント（Immanuel Kant：一七二四－一八〇四）に求め、「各人が誰にも頼らず、自分自身の理性を働かせて判断していく営み」としてそれを捉えるなら、こうした啓蒙の企てと、教会の教えから距離を置き自分自身の内面に照らし合わせて宗教を吟味していく敬虔主義の企てとは、極めて近い関係にあるといえよう。実際、二〇世紀最大のプロテスタント神学者の一人パウル・ティリッヒ（Paul Tillich：一八八六－一九六五）はここでの消息をまとめて、合理主義と啓蒙主義は敬虔主義そして神秘主義の娘である、と断じている。

制度的にも、ドイツにおける敬虔主義と啓蒙主義の共同戦線は説明できる。ドイツの各大学は領邦君主の監督下にあった。各大学のオーナーは領邦君主であったわけである。ところでこの領邦君主は、自分が管轄する領域に住む人びとの考え方に影響を与える教会の、すなわち領邦教会のオーナーでもある。つまり近代初期において、ドイツの大学で営まれる学問は、正統主義を掲げるキリスト教会と、その教会を背後で支える領邦君主の目を意識しなくてはならなかったのである。これに対し敬虔主義は繰り返し述べてきたように、正統主義と教会を内部から掘り崩していった。そのとき、正統主義とそれを擁護する大学における学問のあり方は相対化される。その結果、ドイツの学問は、自由な知の探究に勤しむことができるようになったのである。

以上、敬虔主義が登場したことの意義を念頭に置きながら、プロテスタンティズムの歩みを振り返ってみた。そこから確認できたのは、近代の少なくともドイツでは、硬直化しがちな教派の教説にとらわれない、その意味で「キリスト教それ自体」というべきものが人びとによって希求された事実である。そしてこういう宗教の捉え方は、現代に生きる私たちにも訴えるものを持っている。

個々の教説の集大成を「教義（dogma）」というならば、今日それは多分にネガティブな意味合いを持つ言葉になっている。ドグマにとらわれると独りよがりの宗教に陥る、ドグマの強調は異端審問と隣り合わせだ、宗教で大事なのはドグマではなく実践だ、等々。こうした言説を私たちは、ほとんど疑うことなく受け容れることができる。けれども、そこに問題はないのだろうか。いま、偏狭で息苦しい教派のドグマから解放された「キリスト教それ自体」を近代人は手に入れようとしている。しかしそれも私たち人間が産み出したものである以上、宗教的・神学的矛盾を、そして何よりそこから派生する社会的・政治的問題を免れていると考える方が無理というものであろう。

三　シュライエルマッハーと「絶対依存の感情」

話は一八世紀から一九世紀に入る。この時代で注視したいのは、敬虔主義から啓蒙主義へという前世紀における神学的かつ哲学的な潮流の帰結が、はっきりとした姿をいよいよ現してくることである。ここでは特に、近代ドイツのプロテスタンティズムが生んだ最大の神学者とも称されるフリードリヒ・シュライエルマッハー（Friedlich Schleiermacher：一七六八－一八三四）を考えてみよう。彼は、あの哲学者ヘーゲル（Georg Wilhelm Friedrich Hegel：一七七〇－一八三一）と同時期に、ベルリン大学で教鞭を執った人である。

近代啓蒙主義によって、合理的かつ科学的な思考は解き放たれた。この思考はこれまで述べてきたように、もともとは敬虔主義という宗教に固有の論理から導き出されたものだったのだが、皮肉なことにそれは、今度は自分の母体である宗教を攻撃するようになっていく。こうして、私たちにも馴染み深い「近代科学に攻撃される宗教」という図式ができあがる。これに対し、シュライエルマッハーという人の意義をあらかじめいってしまえば、それは、近代人を特徴づける合理的かつ科学的な思考と宗教とを両立させようとした点に求められよう。要するに、科学や理性と宗教との調和を試みることで、西洋近代におけるキリスト教の命脈を保とうとしたのが、この神学者だったのである。

ではシュライエルマッハーはどのようにして、科学や理性と超自然的なものにかかわる宗教とを両立させるのだろうか。まさに敬虔主義が行ったのと同じような仕方で、である。つまり彼は、神や啓示といった事項の人間の側における「受け皿」を、形而上学や存在論といった思惟のレベルにではなく（形而上学や存在論の中で神を扱おうとすると、「では、神の存在を証明せよ」という困難な議論に巻き込まれる）、一人一人の人間の「心」の中に移動させる。精神分析が学界に登場してくる以前ゆえ、「心」であれば科学からも理性からもアンタッチャブルだと考えたのであろう。けれども、そのこととは別にここで私たちが確認できるのは、敬虔主義のモチーフが色濃い神学者としてシュライエルマッハーが位置づけられる、ということである。

さて、こうしたシュライエルマッハーの動機は、その体系的な仕事にも現れた。ベルリン大学神学部教授として、彼には神学をシステマティックに論じ、近代ドイツで働く聖職者を養成しなければならない責務がある。ところで、伝統的な教義学のように神存在の証明などの形而上学的な問題から議論をスタートするのでは、啓蒙的な合理主義からは相手にされないだろう。何より、そうした知の体系から発せられるメッセージに、科学的な世界観を身につけ始めた同時代の人びとは果たして耳を傾けるだろうか。今日からすれば当然とも思えるこうした疑問に、初めて真摯に取り組んだといってもよいのが、シュライエルマッハーである。

ここで彼は天才的な着想を提示する。すなわち、キリスト教神学のドラスティックな変革である。その成果こそ、一八二一年、文字どおり世に問われた『信仰論』に他ならない。タイトルが象徴的である。教義学（Dogmatik）ではなく信仰論（Glaubenslehre）である。すなわち、教会が教える諸教説の体系的な説明ではなく、キリスト教を信じる人間の心の状態を体系的に記述することで、神や救済といった従来の神学が扱ってきた諸問題を論じ直そう、というのである。

たとえば「キリスト」教神学である以上、ナザレのイエスの位置づけは避けて通れない。イエスは神なのか人間なのか。彼は父なる神や聖霊なる神とどういう関係にあるのか。従来の教義学はこうした問いをめぐって議論を積み重ねてきた。これに対しシュライエルマッハーは、直観的かつ感情的かつ完全に神を意識して生きたのがイエスだ、とする。その上でこの近代ドイツの神学者は、こうしたイエスの生に、あるべき救済の原型が体現されている、と説く。こうなると人間の救済にしても、それは、イエスが有していた神意識の中に人間が招き入れられることだと説明されるようになる。イエス・キリストを信じるとは、本当の神意識を持つことなのである。

またシュライエルマッハーによれば、キリスト教において伝統的に罪の結果として位置づけられてきた死にしても、それは、それ自体悪でもなければ神の審判でもない。死は人間という有限な存在の時間的限界にすぎない。なのに人間の神意識が罪によって破壊されたので、人間はこの生物的限界を主観的悪として経験し、神の刑罰として感じるのである。つまりシュライエルマッハーがここで観察している人間の姿は、罪のゆえに罪の奴隷となったのではなく、死に対する恐れのゆえに死の奴隷となったそれである。これに対し、イエスは死を克服したのではなく死の恐怖を克服した存在として理解されることになる。

ここに示されたのは、伝統的なキリスト教の教理を徹底して近代人の主観の側から捉え直そうとする試みである。そしてそれが行き着くところとして、シュライエルマッハーの神学は「絶対依存の感情（Gefühl der schlechthingen Abhangigkeit）」を強調することになる。「絶対依存の感情」を体験するとき、人間は真の存在に出会っているのであり、そこに彼は人間にとっての宗教的境地の精髄を見いだしたのであった。彼はいう。

あの感情〔絶対依存の感情〕は、われわれがわれわれの自己意識において世界全体と同一化するとき、したがってあたかもこの世と同じように依存的であると感じられるときに、最も完全になる〔中略〕つまりそれは、すべてのものは自然的連関全体の中で完全に制約されており、またそのうちに根拠づけられているとの最も完全な確信と、有限なものはすべて共に、完全なる神に絶対的に依存しているとの内的確信である。

（クライン・ポルケ・ヴェンテ編、二〇一三年、二一四頁）

用語にこそ大時代的なものを感じるが、考えてみれば現代人にも馴染めるキリスト教の、否、宗教そのものの捉え方である。とりわけ宗教の作動する場をいまや「内面」や「心」ともいわず「感情」に絞り込んだ点に、近代的な理性や科学から神を「救い出そう」としたシュライエルマッハーの苦心がうかがえる。彼の努力はさしあたっては報いられたと評価できよう。私たち現代人の多くも、「パワースポット」など、聖なるものの体得を特に感情面で行い、その結果として「癒やし」を得て、科学文明の支配する日常世界に立ち戻る、ということを行っているからである。

ただし、シュライエルマッハー的な宗教観を採用すると、人間の心理作用と神とを区別することが原理的にできにくくなる。個々人の感情を中心とする主観が肥大化し、それが神聖視されるという深刻な問題を、ここに近現代の神学は抱え込むことになるのである。「いまここでの私の感じ方、それは神につながっている」、話がこれだけで終わるなら構わない。けれどもシュライエルマッハーの宗教観は、「私の感じ方、それは神なのだ」という理解と隣り合わせなのである。

四　カント哲学とキリスト教

前節の最後で触れた問題は、一九世紀の終わりに明らかになってくる。

アルブレヒト・リッチュル（Albrecht Ritschl：一八二二―一八八九）という神学者がいる。彼はゲッティンゲン大学で教鞭を執った人で、シュライエルマッハーの影響と同時代のカント復興の影響とを受けつつ、第二帝国として甦った国家ドイツの宗教のあり方に責任を担ったプロテスタンティズムの指導者である。

神学史においてこのリッチュルは通常、宗教を道徳の問題に還元した人物として位置づけられる。彼もまた敬虔主義から啓蒙主義へという、近代ドイツ・プロテスタンティズムの流れの正統的な継承者である。それゆえ彼は、ドグマに囚われすぎる正統主義的なキリスト教のあり方に批判的にならざるを得ない。結果として近代人リッチュルは科学的かつ自由な聖書研究を重んじることになるが、そのことでキリスト教の基盤が弱くなるのでは、という危惧が彼にはなかった。

神という存在の超越性や神という存在の本質ないし属性を、人間は理性では理解できない。そうリッチュルは主張する。そしてそういうことを、さも自明のことのように述べる旧来の神学は批判される。ではキリスト教は神学という理性的な営みを断念すべきなのか。そうではない、とリッチュルは答える。カントに即して、である。つまりリッチュルによれば、『実践理性批判』でカントが示した道徳命題の超越性を、すなわち超越的な定言命法を取り込むことで、キリスト教は現代にあっても妥当性を保持できる。ここにリッチュルの神学は、超越的な絶対者といった用語が介在する道徳哲学に収斂していくことになるのである。新約聖書の中心メッセージである「神の国」と特殊宗教的な共同体であるはずの教会（キリスト教の教団）とに言及しつつ、彼はいう。

> 神の国は、キリストにおける神の啓示を通して造り出された教団の、神によって保証された善である。それは、同時に道徳的理想とみなされるので、ただ最高善として考えられるだけである。そしてこの理想の実現のために、教団のメンバーは一定の行動様式を通じて相互に結びつけられる。
>
> （同書、二四六頁）

神の国と「道徳的理想」ないしは「最高善」との直結が印象的である。実際、リッチュルにとってのイエスとは、神の愛に生きた道徳上の教師に他ならない。しかし道徳ということで当然問題になる「よき行いとはそもそも何か」ということに、リッチュルの関心はあまり向かわなかった。イエスその人の説いた道徳は、古代ユダヤ社会の道徳に対する、ラディカルな問い直しだったにもかかわらず、である。結果として、リッチュルのいうキリスト教が約束し目指す道徳とは、内容の点で当時の一般的な道徳と変わらないものになった。当時の、すなわちプロイセン的なドイツで推奨される道徳である。つまり、鉄血宰相ビスマルク（Otto Eduard Leopold Fürst von Bismarck：一八一五－一八九八）の作り上げたドイツ帝国に生きる臣民にふさわしい生活規範、それをリッチュルはキリスト教のメッセージそのものとして、知らず知らずのうちに人びとに植えつけていくことになる。こうして、「キリスト教とはビスマルクの宗教だ」と揶揄されるような、キリスト教をめぐる状況が作り上げられていったのである。

このような宗教は、なるほど同時代にあってもプレゼンスを失うことはないだろう。しかし逆にいえば、こうしたキリスト教は周囲の文化や思想そして歴史の動きに引きずり込まれやすい。社会が進歩の理念を奉じているときには、それを共に言祝《ことほ》ぎ、社会にナショナリズムの声が高まるときには、それを神聖化しさえするキリスト教がここに成立する。

近代ヨーロッパの破局を告げる一九一四年まではもう少しである。

第12章　現代ドイツにおける神学と政治

一　ナチスに抵抗する神学者、カール・バルト

ある講演の一部を紹介しておこう。

「人はキリスト教信仰を道徳との関係の中で理解せねばならぬ」と、かつて人は語りました。その後、「理性との関係の中で」、その後、「人道博愛との関係の中で」、その後、「文化との関係の中で」、そして今日は周知のごとく、「民族性および国家との関係の中で」といった具合に。人は、その時々の時代の子として、その時々の歴史・精神・特殊な世論や確信の一員として、人間のあれやこれやの規定を、その時点での唯一正しい規定として肯定し理解してきました。

そして信仰はと言えば、さて信仰は今や、いかなる事情のもとにあろうとも、そのように規定された人間との関係の中に立っていなければなりません。さもないと、信仰は、「真空地帯の中に」いることになるだろう、

というわけです。

この前には以下のような言葉もあった。

或る決断が、次のところでなされました。〔中略〕決断する、とは、自由において己れの自由を放棄する、ということを意味します。決断した者は、己れを拘束したのです。〔中略〕決断によって拘束されたそのような人間。それが宗教改革者でした。かれらは選択したのでした。かれらがなおも多くの可能性を持っていたその場所は、かれらによって棄却された場所となりました。そしてそれゆえに、かれらの教えは、ただ一つの次元・ただ一つの関心事・ただ一つの意図だけを持っておりました。〔中略〕宗教改革的教えは〔中略〕比較しません。それはあれこれ量り考えません。それは議論しません。そうではなく、それは指し示します。それは解き明かします。そしてそれは論争します。

印象的な講演だが、語っているのはカール・バルト（Karl Barth：一八八六－一九六八）である〔カール・バルト、二〇一一年、五〇七－五〇八および四八六－四八八頁〕。バルトは二〇世紀プロテスタンティズム最大の神学者とも呼ばれ、講演当時はドイツのボン大学教授の職にあった。

ところで内容に話を戻すと、改革者たちに対する言及があったことから察せられるように、これは一六世紀の宗教改革を記念した講演である。そうではあるのだが、これまた容易に読み取れたように、数世紀前に生きた改革者たちを想起しつつ、バルトはここで近現代のキリスト教信仰のあり方を批判的に総括している。

引用した前の部分にそのことは顕著で、そこでは、近現代の信仰が同時代の道徳や文化そして世論などに即するべく汲々としてきたことが指摘されている。それに対し後の部分になると、講演の主題である宗教改革の意義を以上の文脈の中で捉えよう、との訴えがなされる。バルトによると、改革者たちは「時代の要請」といったものにかかずらわない人びとだった。そうせずに、彼らは決断（Entscheidung）し、指し示し、そして論争する、というのである。日本語で読んでも力強く、かつ、用いられている言葉一つ一つに深い意味が込められていそうなスピーチである。

遅くなったが、ここで解題めいた情報提供をしておこう。「決断としての宗教改革（Reformation als Entscheidung）」と題されたこの講演がなされたのは一九三三年、場所はドイツのベルリンである。

周知のとおり、この年の一月、アドルフ・ヒトラー（Adolf Hitler：一八八九－一九四五）は首相の座に就いた。ナチス・ドイツの政治体制が完成期に入ったわけである。政治状況が急展開する中、宗教界はというと、キリスト教会の中にもナチスを支持するグループが台頭していた。彼らは声高に、いまや飛ぶ鳥を落とす勢いの国家社会主義の理念に教会も貢献しなくてはならない、と叫ぶ。まさにそのような時期に、このボンの神学者は、宗教改革者たちの姿勢に学びつつ、「民族性」や「国家」などの理念を高揚する勢力に対して「論争」を仕掛けようとしているのである。

こうしたバルトの発言は、当局者の目に触れずに済むはずがなかった。しばらくすると国立大学教授としての彼は、公務員としてヒトラーに忠誠を誓えるか否かの「踏み絵」を突きつけられる。そしてそれを拒否した瞬間からバルトの運命は決した。彼は辞職に追い込まれ、祖国であるスイスはバーゼルへの帰還を余儀なくされる。しかし、一人の学究にすぎないバルトがドイツから追放されるだけのことをしたのも確かであって、たとえば一九三四年、（ドイツの公務員からユダヤ人を追放しようとする）「アーリア条項」が教会人事にも適用されようとした際、後に詳しく述べるように、彼はこれに反対する運動を組織した。ナチスに抵抗する神学者としてバルトは注目されることになったのである。

そういう事情に鑑みれば、今日も多くの人がバルトを二〇世紀（プロテスタント）政治神学のアイコンとして高く評価していることは理解できよう。そこで本章では、ヨーロッパにおいて、こうした抵抗の論理としてのキリスト教神学が誕生するに至った経緯を思想内在的に確認しつつ、しかも、それさえもが持っていた問題点がどのように浮かび上がり、どう克服されようとした／しているのかを検討してみたい。

二　「総力戦」と教会への批判

前章の簡単なおさらいから始めたい。

常識的にもいえることだが、近代キリスト教の歴史とは、近代科学のチャレンジに対する籠城戦の歴史だった。進化論からすると、神の世界創造はナンセンスではないか、預言者モーセが本当に旧約聖書の冒頭の数章を書いたのか、等々。こうした自然科学のみならず人文科学に由来する批判にさらされる中、神学は世界説明という任務を従来のようには果たしえなくなった。けれども、キリスト教はただちに生命力を失ったわけではない。科学の追及の手の及ばない領域を確保して、そこを宗教の場とすればよいのである。そしてこのとき注目されたものこそ、個々人の「心」に他ならない。
なるほど「心」はひとまず科学の管轄外にあるといえるし、近現代における宗教の城を築くのにふさわしい。けれども、科学的な分析や批判を回避したところで成り立つ営みほど、周囲に影響されやすいのも、また確かである。「あなたの感性は時代の産物です」「あなたの美意識はまったく月並みです」、こういった指摘が仮に科学的かつ分析的にされても、それを素直に受け容れる人はまずいない。結果として、「時代の産物にすぎないこと」や「月並みなこと」であってもそれが「自分だけが感じ取れる尊いこと」として神聖化されてしまうのである。そしてこのことは、近代的なキリスト教信仰を同時代の思潮に対して無防備にしてしまう結果を導くことになった。

事実一九一四年の夏、道徳と信仰を直結する特徴を持つリッチュルの学風に染まり、この頃までに「よきドイツ帝国臣民の祭司」になっていた神学者の多数は、こぞって皇帝ヴィルヘルム二世の宣戦布告を支持することになった。今日の意見広告のような形で、そのことが発表されている新聞記事も残っている。もっとも事情はヨーロッパ各国も共通で、かくしてフランス国民・ドイツ国民・イギリス国民のそれぞれが、同じキリスト教の神に勝利を祈って遂行される総力戦に巻き込まれていったのである。ユニバーサルであったはずの神はいまや、各国民の守護神として引きずり回される。そして数年にわたる前代未聞の戦闘の結果、多くの人が、人命の点でも産業の点でも、そして思想や文化の点でも、ヨーロッパ全体に破滅がもたらされたことを痛感することになった。

皮肉にも、というのも不謹慎だが、ヨーロッパを襲ったかつてない悲劇によって、多くの知識人たちは改めて、自分たちの文明に対する徹底的かつ批判的な考察を試みることになる。そして、神学の、特にプロテスタント神学の領域でそれを行った人こそ、他ならぬバルトなのである。彼は、新約聖書学と教会史を講ずるバーゼル大学教授の長男として生まれたが、時代の最先端を走る様相を呈していた神学に憧れ、ベルリンやマールブルクといったドイツの大学で学ぶ。いずれもリッチュル学派の影響下にある学校である。

卒業後はスイスの田舎で牧師を務めていたが、そんな彼のもとに一九一四年の七月、もたらされたのがかの新聞記事だった。そこにかつての師の名前を発見したバルトは驚愕する。キリスト教とその神学は人類に悲惨をもたらす歴史の動きに対して、歯止めをかけることができないものなのか。バルトは、自分が学んできたシュライエルマッハー的そしてリッチュル的な神学を問い直す。彼は改めて、聖書のメッセージに聞こうとする。そしてそこで得た確信を世に問うた著作こそ、一九一九年初版の『ローマ書講解（*Der Römerbrief*）』である。

新約聖書に含まれるパウロ書簡の一つに対するこの注解書の中でバルトは、徹底的に超越的な存在として神を描き出す。人間と隔絶された存在としての神、といってもよい。したがって神は、近現代人たちが自明のこととしていた文化の進歩や楽観的な人間観を裁く。徹底的に裁こうとする。そしてその上で、他ならぬ同じ神が、裁きの前にいまや無となった人間を、これまた徹底的に救済する、ということをバルトは述べるのである。

表現主義の影響ともいわれるが、同書で用いられる表現はインパクトの強いものが多い。たとえば「カッコの前のマイナス」というたとえがある。バルトによると西洋の近代はあたかも加算を行うかのように文化や文明を積み重ねてきた。これに従うなら、今日は昨日よりも文化の度合いが高まっているし、明日は今日よりも文明的に進歩しているだろう。けれどもこのとき人間は忘れている。神の目からすれば、文化や文明の加算はあくまでカッコの中でのそれであり、そのカッコの前にはマイナス記号がついていることを、である。

こうしたたとえやドストエフスキーなどの文学作品に言及しつつ、特にデビュー当時の初期バルトは、それまでのヨーロッパ文明をラディカルに問いただす。このとき興味深いのは、その延長線上でプロテスタントの聖職者でもある彼が、西洋文明と共同歩調を取ってこれを疑問視しない教会のあり方を批判している点である。たとえばバルトによれば、教会は神を忘れた人間的な企ての最たるものとして絶対的に否定される。彼はいう。

> 教会とは、神的なものを人間化し、時間化し、事物化し、この世のものとし、実用的な何かとする多少なりとも包括的な、精力的な試みである。〔中略〕福音は教会の破棄であり、同様に教会は福音の破棄である。
>
> （カール・バルト、二〇〇一年、一三九頁）

『ローマ書講解』はこういう過激な言葉が連ねられたこともあって、人びとの耳目を引くことになった。著者バルトも知識人サークルの風雲児となる。アカデミズムも、このスイスの田舎牧師に俄然注目し始め、彼はドイツのゲッティンゲン大学神学部に教授として招聘されることとなった。一九二一年のことである。

三 「バルメン宣言」――ナチス・ドイツへの不服従

神学部教授、すなわち聖職者の養成に責任を持つ立場になったバルトは、『ローマ書講解』におけるように、単なる否定や批判の言葉を発するだけでは済まなくなった。いまや彼は「ではキリスト教は文化や歴史そして政治とどう向き合っていけばよいのか」という牧師候補生からの問いに対する答えを、指し示さなくてはならないのである。

このとき、もちろん周囲の文化やその時代に流行している哲学に便乗して、キリスト教信仰の妥当性を保とうとするのは論外である。第一次世界大戦の記憶は生々しい。時代精神なるものに棹さすと、宗教はかえって文化的な責任を果たせないことを、教会はいやというほど思い知らされた。かといって、周囲に対して「否（Nein）！」ばかり述べているだけでは、キリスト教と文化そして政治とは無関係になってしまう。ではどうするか。

結論から述べると、一九二〇年代終わり頃からのバルトを仮に「中期」バルトと呼ぶならば、この時代の彼においては、「決断（Entscheidung）」が重んじられることになる。

つまりこういうことである。いま問題になっているのは、同時代の文化や政治の影響を受けることなく、それらにキリスト教がどう向かい合いうるのか、ということだった。これに対してバルトは、まず神の言葉に耳を傾けるべきだ、と説く。つまり、いかにもプロテスタントの神学者らしく、聖書に述べられている神の言葉に虚心になって耳を傾けることだけが大事だ、というのである。「初期」から変わらないバルトの立場である。

ただし看過できないのはその後である。約二〇〇〇年前に書かれた神の言葉のメッセージを汲み取りえたとして、それを人間は同時代的な問題の解決にどう活かせばいいのだろうか。古代のテクストのメッセージを「文脈化」するべく、やはりこの段では、現代の文化状況や政治状況の吟味を行い、その上で、そこに聖書的な主張を修正を加えつつ適用させるべきなのだろうか。バルトはそのことにも否定的である。元の木阿弥だからである。ならば、ということでバルトの政治思想の中で浮かび上がってきたのが「決断」だったのである。ベルリンでの講演で見たとおりである。

実はこうしたバルトの主張は、多分に状況的なものであった。本章の冒頭でも触れたが、ナチスがドイツで確固たる地位を占めるまでの過程には、キリスト教会も少なからず関与していた。しかも、ここでの問題は複雑である。第一次世界大戦後のドイツ・プロテスタンティズムは、バルトその人の神学的インパクトもあって、さすがに近代のブルジョワ文化に毒されたキリスト教のあり方とは距離を置こうとしていた。そこまではよいのだが、敗戦国ドイツで厄介だったのは、イギリスやフランスに出来すると思われる近代西洋の文化や歴史を結果として全否定するような主張が出てきた点である。しかもそれを、教会の指導者たちも受容するようになる。つまり、近代的なるものを超克し、今後は「国家社会主義」や「民族」といった新しい理念に貢献できるキリスト教のあり方が目指されなければならない、というのである。こうして、ナチスの理念と運動を支持する立場が教会の中で台頭してきた。「ドイツ・キリスト者（Deutsche Christen）」と称する運動である。

かねてよりナチスとヒトラーの胡散臭さに不信感を抱いていたバルトは、したがって、近代の教会が培ってきた伝統だけでなく、それを全否定する新しい動きに対しても、断固たる「否」を突きつけなくてはならなかった。一九三四年五月、ナチス・ドイツの政治体制とその宗教的補完機関となっていたドイツ・キリスト者運動への不服従を呼びかける宣言文をバルトは起草する。それが「バルメン宣言（Barmer Theologische Erklärung）」であり、これは、戦後ドイツのプロテスタント教会のカテキズムに加えられているように、二〇世紀政治神学の精華ともいえるものである。その第一テーゼを次に示すが、この一見したところ神学的命題にすぎない文章において、バルトが誰を、もしくは何を念頭に置いているかは容易に想像できよう。

聖書においてわれわれに証しされているイエス・キリストは、われわれが聴くべき、また、われわれが生と死において信頼し服従すべき神の唯一の言葉である。
教会がその宣教の源として、神のこの唯一の御言葉の他に、またそれと並んで、さらに他の出来事や力、現象や真理を、神の啓示として承認しうるとか、承認しなければならないという誤った教えを、われわれは退ける。
（大崎節郎編、二〇一二年、五三頁）

いまやバルトは反ナチを断固として「決断」し、実践する。その一環が「告白教会（Bekennende Kirche）」の組織と「ドイツ教会闘争（Kirchenkampf）」の指導であった。もちろんナチス当局はこれに徹底的に弾圧を加えた。ゲシュタポによる逮捕者は相次ぎ、聖職者のある者は強制収容所に、ある者は東部戦線の激戦地に送り込まれる。牧師でありながら、連合国側との連絡役を担当しつつ一九四四年のヒトラー暗殺計画（ヴァルキューレ作戦）に加担して処刑されたディートリヒ・ボンヘッファー（Dietrich Bonhoeffer：一九〇六－一九四五）も、バルトに師事した教会闘争の指導者である。バルト自身もドイツを追われたことは冒頭で述べた。このように指導者を次々に失って一九三八年には実質的に壊滅した教会闘争ではあったが、あの時代に、キリスト教神学が抵抗運動を曲がりなりにも組織しえたことは、多くの人が認めるように、確かに現代キリスト教史の中の輝かしい一ページとして記憶するに値しよう。

四 「キリスト論的集中」と後期バルト

ただし、特に政治的局面において「決断」を重視することには、それ特有の危うさが伴う。冒頭で紹介したバルトの講演が象徴的である。そこでは宗教改革者たちが果たした「決断」の意義を際立たせるために、彼らが「比較」しなかったこと、「あれこれ考慮」しなかったこと、そして何より「議論」しなかったことが指摘されていた。ところで、これらの言葉を政治の世界に引きつけて考えてみよう。そこにおいて「比較」「考慮」「議論」がなされる場といって、人は何を思い浮かべるだろうか。いうまでもなく「議会」である。そして私たちはもう一つ連想を働かせる。「議会」を否定した上で、政治の世界における「決断」の正当性と優位性を論じたバルトと同時代の思想家を、である。いうまでもなく、カール・シュミットその人である。

シュミットはナチスの御用（公法）学者と呼ばれることもあるが、そうしたラベリングの是非はともかく、ここで重要なのは、法的決定の妥当性の根拠は熟議に求められえないとした上で、彼も（主権者の）決断を重んじた点にある。つまり、ワイマール末期に「決断」を共に重んじたのは、一人バルトだけではなかったのである。閉塞感漂う現世（とそこでの政治）に対して上から垂直的に鉈を振るい、新しい局面を切り開こうとする姿勢において、バルトとシュミットは軌を一にする。そしてそのこと以上に深刻なのは、同じく真摯な「決断」を重んじたバルトが政治的に「左」に、シュミットが「右」に向かった事実である。「決断」それ自体は、そこから出てくるものの方向性を規定しないのである。

しかも、いま指摘している問題は、神学と公法学／政治学との相違に解消されるべきものではない。バルトには一時共同戦線を張った神学的同志がいた。フリードリヒ・ゴーガルテン（Friedrich Gogarten：一八八七－一九六七）である。若きゴーガルテンと若きバルトは、近代文化批判ということで意気投合し、共同で神学雑誌『時の間』を創刊しさえした。しかし、この盟友関係は一九三〇年代になると崩壊する。ゴーガルテンがナチスに接近したからである。彼は哲学的なトレーニングを受けていたため、バルト以上にバルト神学の核心を洗練化された仕方で発信することができたといわれる。そういう彼が、バルトその人とは異なり「右」への決断を行ったのである。

考えてみると、決断は決断であるゆえ、それがなされたこと自体が尊ばれるべき人間の営為である。言葉本来の意味からしても、結果を配慮して行う決断は決断の名に値しない。したがって、「お前の決断はどうして『右』に向かうのか、『左』に向かうのか」と問えないのが、決断というものの本質なのである。

こうした反省もあって、第二次世界大戦後、バルトは、より正確には「後期」バルトは再度、文化や（特に核兵器の出現を見るに至った冷戦期の）政治にキリスト教はどう向き合うべきか、という問題に取り組むことになる。その際、「決断」という契機はずいぶんと後退することになった。それに代えて彼は、「キリスト論的集中」と呼ばれる思考枠組みの徹底を図り、そこから文化や政治を論じていこうとする。すなわち、聖書が指し示すイエス・キリストの位置づけや言動に照らし合わせて、その類比から文化や政治の妥当性を判断していこう、という立場である。たとえば聖書は、キリストが人間を自由へと呼び出していると告げる。だとすれば、自由という理念が社会の中でも支配的にならねばならないのであり、結果として、そのことを政治レベルで体現しようとする西欧的なリベラル・デモクラシーが、バルトにとって擁護すべき政治体制となる。

しかし、このような類比にもとづく考察にしても批判には事欠かなかった。たとえば、キリストという存在の教理的位置づけには最終的に神秘性が伴う。その類比で考えれば、バルトは秘密警察を擁護するというのか。冗談のような話ではあるが、バルトと共に教会闘争を指導した神学者から、このような問いかけが戦後なされたのも確かなのである。

五　「終末意識」の再構築

バルトという人が試みたのは、いわば「純粋神学」の構築だったといえる。つまり、同時代の思想や世論そして「時代の要請」といったものに対して、神学固有の論理にもとづき、徹底的に距離を取ろうとする「純度の高い」神学の確立を、彼は図っていたのである。ただし、すでに見たように、この試みは神学者が象牙の塔に籠もることを意味していなかった。一九三〇年代のドイツという過度に政治的な環境にあっては、状況に背を向けるということがそれ自体極めて政治的な意味を持っていた。「民族」、「国家社会主義」、「総統に対する絶対服従」。こうした威勢のよい声が飛び交う中で、バルトその人は超越的な神の言葉に照らし合わせて、神学の立場からそれらを対象化し批判できたのである。

しかし、このときバルトは、超越的な神から「垂直的」に降りてきたメッセージを踏まえ、個々人が状況に対して真摯に「決断」することを提唱している。人間の側における神のメッセージの受け止め方と似た仕方で、今度は個々人が状況に対して「垂直的」に「決断」するのである。けれども、こうしたスタイルは、対人間にかかわっており、かつ時間的継続性を無視できない「水平的」な次元で生じる文化や政治の問題に対して、果たしてどこまで妥当性を持つのだろうか。

かくしてポスト・バルト世代に属するドイツの神学者たちの課題は、バルト的「純粋神学」の問題の克服ということになる。しかも、若くして第二次世界大戦を経験したドイツの神学者たちが行った議論は、本書が全体として意識してきた視点に照らし合わせても、なかなか興味深いものとなっている。

ユルゲン・モルトマン（Jürgen Moltmann：一九二六－）やヴォルフハルト・パネンベルク（Wolfhalt Pannenberg：一九二八－）そしてドロテー・ゼレ（Dorothee Sölle：一九二九－二〇〇三）らポスト・バルト世代の神学者たちは正しくも、バルトの「純粋神学」の核に終末意識が存在していることとその歴史的意義とを読み取った。つまり、「民族」や「第三帝国」や「アーリア人種」といった理念や政治体制に対し、それらが決して永遠の価値を持つわけではないことを確信したがゆえに、バルトはこれらと闘いえたのである。しかし、彼ら彼女らは見逃さなかった。バルトの依拠する終末意識が「現在終末論」の性格を強く持つことを、である。

現在終末論。それは、いま現在のこの世のあり方を楽観視し、その延長線上に現れてくるものを「進歩」の名のもとに正当化する立場では断じてない。むしろそれは、進歩意識を惹起すると思われる現世のあり方の中に、克服すべき課題を察知する。つまり現在終末論は、極めて問題を孕む現世のあり方にしても、また、それに下される神の裁きにしても、これらのことが「すでに」明らかになっているし「すでに」始まってもいる点を強調するのである。それゆえ現在終末論では、「すでに」始まっていて次の瞬間にも最終的になされる歴史の終わりや神の裁きを、いまこの時点で意識することが重んじられることとなる。ここでいう意識は毎瞬間毎瞬間、超越的な神からその都度「垂直的」に啓示されるメッセージに即して、真摯に強められるべきものである。

人はここに、哲学でいう「実存主義」と極めて近いものを見て取るであろう。事実そうなのであって、現在終末論は、アプレ・ゲール（戦後）世代に属する多くの人びとにアピールする思想にもなった。しかし、ここでの問題はもう明らかであろう。真摯ならそれでよいのだろうか。「ヒトラーの示した方向」に真摯に向かっていく。この実例を戦後世界はつい昨日目撃したばかりである。

かくして、ポスト・バルト世代の神学的スタンスは確定する。つまり、現代ヨーロッパの（プロテスタント）神学は、個々の瞬間に還元されない「歴史」の回復を目指すことになるのである。「終末意識」に引きつけていい直すなら、ここでは「すでに」始まったことを強調するのではなく、「いまだ」完成を見ていないというしかない、そういう「未来終末論」の復権が戦後の神学のトレンドとなる。このことを政治の次元に引きつけるなら、どこに向かうのかわからない一人一人の「決断」に頼るのではなく、多くの人が共有できる妥当性の高い方向性をきちんと持ち、しかもその方向性に適う形で「未来」や「明日」にかかわるアジェンダまでセッティングできるような終末意識を再構築しよう、ということである。

その際、興味深いのは、（第1章で触れた）ユダヤ・キリスト教の伝統における「終末意識」を成り立たせている柱の一つにスポットライトが当てられたことである。すなわち、黙示思想である。前に説明したように、黙示思想には、正義と悪とを二分し、自分たちを正義の側に置き、その上で自分たちの敵が滅びていく様を観察する、サディスティックかつ独善的なモチーフがないわけではない。しかし、それが、古代人なりのボキャブラリーで、未来に起こる神の裁きや神の民にもたらされる勝利の様相を「リアルに」描こうとする努力の産物であることも、また確かなところではある。

そしてそのことを踏まえつつ、ポスト・バルト世代の神学者たちは提唱する。現世のあり方からはおよそ想像できず、その意味で「超越的な」歴史の終わりに出現する完成された世界のあり方に即して、文化や歴史そして政治の営みに向き合っていこう、と。具体的には、終末時には狼と羊が共に休らうという聖書のビジョンから、平和主義が説かれることになる。また人類が共に神を賛美するというビジョンから、経済的弱者との連帯がアピールされ、また経済的搾取が糾弾されることになるのである。

六　「赤い神学者」と戦後世代

このようにして、聖書のメッセージに由来する「超越性」を確保しつつ、しかも政治の世界で一定の方向性を打ち出しうる神学が、戦後世代によって主張されることとなった。そしてこれはプロテスタント陣営だけでなく、少なからぬ現代カトリックの神学者たちをも惹きつけた。その保守性が指摘されることもある先代のローマ教皇ベネディクトゥス一六世（ヨゼフ・ラッティンガー）も、若い頃には、当時の進歩的な政治運動に理解を示したこともある。何より、ラテンアメリカにおける経済的搾取や軍政を批判したことで有名な「解放の神学」が提唱されたのも、これまで記した神学の動きにカトリシズムが反応した事例である。

しかし、こうしたポスト・バルト世代の立場に対しても、批判がなかったわけではない。まず神学的には、バルトが「(形而上学的な)縦」を意識しつつ理解していた「超越の所在地」を、若い世代は「(時間軸的な)横」に倒して捉えただけではないか、という指摘がある。またこれに関連して、「超越」という考え方それ自体が人間を呪縛し続けているのではないか、という(おもにポストモダン神学者たちからの)問いかけもなされている。

何より、「解放の神学」に典型的だが、資本主義の糾弾にしても平和主義にしても、ポスト・バルト世代には同時代のマルクス主義の影響が強い。この点を彼ら彼女らは、たとえ「赤い神学者」として揶揄されたとしても、否定はしないし、まさにマルクス主義からの問題提起を真剣に受けとめてきたことを認める。しかし、冷戦体制の終結後、すなわち社会主義の世界が崩壊した後、そうしたポスト・バルト世代の政治神学者たちが発言力を(年齢の問題もあるが)弱めていることも確かである。

いわゆる世俗化が進む中、(政治)神学の「歴史の終わり」が生じているのだろうか。この問いに対する回答を寄せるためにも、私たちは近現代におけるキリスト教史のもう一つの主役となったアングロ・サクソン世界に目を向けることとなる。

第13章　近代アングロ・サクソン世界と宗教共同体

本書で最後に扱うテーマは、イギリスとアメリカである。そして、大西洋を間に挟んだ二つの国を、ここでは一度に取り扱うことにする。

いくら近現代史の主役となったのが両国であるとはいえ、それらをひとまとめにして論じることは、空間と時間の広がりからして、無謀といえば無謀ではある。けれども、近現代のアングロ・サクソン世界で生まれた信心のあり方や宗教共同体にかかわる考え方はキリスト教史そのものにとって無視できない意義を持っている。そのことを本章と次章で明らかにしてみたい。

一　英国国教会の成立

近代初期のイギリスを考える際に重要なのは、この国で宗教改革がなされたことである。

一五三四年、国王ヘンリー八世（Henry VIII：一四九一－一五四七）は「国王至上法」を発する。ここに、イングランド王国内のキリスト教会はローマの統制から離れることとなった。英国宗教改革の始まりである。西ヨーロッパ世界はかくして、ローマ教会の意向と切り離された宗教的、そして政治的アクターを新たに抱え込むことになった。そして、宗教改革を経たこの島国は、宗教的理由によりプロテスタンティズムに立つヨーロッパ大陸の諸国家を支持したり、宗教的理由に逆らう仕方でカトリック国を応援したりと、近代西欧史の中で存在感を強めていくことになる。

ヘンリー八世は当初、およそ宗教改革をリードするような人物ではなかった。それどころか彼は自らペンを採り、マルティン・ルターを非難する文書を執筆する国王でさえあった。当然ローマ教皇のヘンリーに対する覚えはめでたくなり、前者は後者に「信仰の擁護者」(Fidei defensor)という称号を与えるに至る。ここに、英国王が座するロンドンと教皇レオ一〇世(Leo X:在一五一三－一五二一)が座するローマとの間に、宗教改革運動に対抗するためのホットラインが結ばれた。

ところがヘンリーに離婚と再婚をめぐる問題が生じた。当時、婚姻関係の成立と解消を認定する最終的な権限は、ローマ教皇が握っていた。ヘンリーからすれば、先に触れたような宗教改革にかかわる「貸し」を今回は教皇に清算してもらいたい。だが新教皇クレメンス七世(Clemens VII:在一五二三－一五三四)は、相手がヘンリーだからといって原則論を曲げようとはせず、彼の再婚を認めようとしなかった。ヘンリーにいわせれば、ローマ教皇は恩知らずもはなはだしい。ここにイングランド国王と教皇との関係は急速に悪化し、ヘンリーは教皇に服さない国王であることを目指すようになる。その象徴となるのが、王国内にあるローマ・カトリック教会の、自らが首長を務めることになる国教会への鞍替えに他ならなかった。こうして英国国教会(Anglican Church)が成立する。

ただし、産声を上げたばかりの英国国教会を、ローマから独立したプロテスタント教会だと断じることには慎重でありたい。そこで説かれる教理は当初、プロテスタンティズムの生み出した福音主義を反映していたわけではなかったからである。しかしその後、ヘンリーの後を襲う君主たちは、カルヴァンやカルヴァンと交流のあった（そして後にイングランドに渡り、ケンブリッジ大学の教授となる）ストラスブールのマルティン・ブツァー（Martin Bucer：一四九一－一五五一）らヨーロッパ大陸の宗教改革者たちの協力を得て、国教会のプロテスタント化を本格的に進めた。

また、そもそもが「政治主導」であるため、理解のある人物が王位に就くか否かが、この宗教改革運動にとっては非常に重要である。その点、間に女王メアリ一世（Mary I：在一五五三－一五五八）がカトリック復帰を画策した時期があったものの、エドワード六世（Edward VI：在一五四七－一五五三）やエリザベス一世（Elizabeth I：在一五五八－一六〇三）といった君主たちは国教会のプロテスタント化に大きな影響を与えた。前述したような事情で、英国国教会がプロテスタント教会となることをヘンリー八世がどこまで意図していたのかは、判断が難しい。けれども、その子供たちの代になると、イングランドの地における教会はローマ・カトリックの頸木《くびき》から脱することが自他共に認められたのである。

このように、一六世紀後半、ひとまず落ち着きを得た英国宗教改革運動ではあったが、実はそれは大きな問題を内に秘めていた。それは、端的に英国宗教改革がいわば「属地主義の宗教改革」だったことに由来する。

「属地主義の宗教改革」とは、たまたま一六世紀後半以降イングランドの地に生まれた人は誰しもが、そこで支配的なプロテスタント教会への所属を義務づけられる、ということである。そして、そのことは改革運動の性格に、ひいては近代初期イングランドの政治構想に、大きな負荷をかけることとなった。というのも、新たに生まれた国教会はここで、国家権力を背景にして人びとにプロテスタンティズムの受容を迫っているからである。迫られた側の中には「自分の良心が権力によって圧迫された」と感じる人びとも出てこよう。しかもここでの問題は、国教会がプロテスタンティズムに立脚していることによって深刻さを増す。つまり、ルターのところで見たとおり、プロテスタントとは「個人の良心の自由」を宗教の次元で最大限重んじようとする人びとだったからである。

それゆえ、英国国教会の当局者からすれば、己が良心に対する圧迫を人びとに感じさせることは回避したい。ひとたび事態がそうなれば、この人びとは国教会とそれ背後で支える国家権力とに反感を抱くことになるだろう。そしてそのことは、国教会制度をイングランド国民の精神的バックボーンにしようとする、当局者たちのそもそもの趣旨に反してしまうのである。

その結果、英国国教会は、というよりおよそ国教会制度というものは、教会員が信じるべき教理の規定をゆるやかにしておくことになる。否、ゆるやかにしておかざるを得ない。そこに一人でも多くの住民を包み込まなくてはならないからである。国教会が提示する教理に対して人びとが良心にかかわる違和感や反感を覚えて、そこに帰属することを躊躇させてはならないからである。

もっともその一方で国教会は、多様性に富む人びとの宗教意識すべてを許容することはできない。英国国教会を特定のキリスト教会として成り立たせるものは、やはり必要である。それを何に求めるか。このとき、国教会の指導者たちが注目したのが、儀式である。外見的に確認できる所定の宗教儀式を尊重できるか否か、その儀式にかなった振る舞いができるか否か。そのハードルをクリアした人びとには国教会のメンバーシップを、ということは「よき英国民」としてシティズンシップを認めるわけである。

近代的な国民統合に寄与する宗教を、儀式を重んじるものとする。これは一見するところ、なかなか優れたアイディアだった。というのも、なるほど一六世紀も後半になると、イングランドの地にヨーロッパ大陸から、教理の厳格さに固執するプロテスタントたちが入ってくる。その代表格は、フランスやドイツそしてオランダといった祖国を追われ、ドーヴァー海峡を渡ってきたカルヴァン派である。このカルヴァン派は亡命先でも、自分たちが「真の宗教」と見なすものの確立を目指し、宗教上の妥協を潔しとしない人びとだった。イングランド独自の政教体制に責任を有する人びとにとっては厄介な存在である。けれども、こうした教理的純粋派たちの追及であっても、国教会の教理をいわば「のれんに腕押し」的なものにしておけば、それを回避できるのではないか。内面にかかわる事柄はともかく、外面的なことにすぎない儀式であれば、この教理的純粋派たちは口やかましいことをいわないのではないか。英国国教会の当局者たちはそう考えていたふしがある。

だが彼らの思惑は外れる。イングランドに入ってきたカルヴァン派は、教理だけでなく外面的な宗教儀式をも問い質《ただ》す人びとだったためである。たとえば当時、国教会の聖職者がまとう服装が問題とされた。彼らはガウンやローブを羽織り、いかにも聖職者然としている。少なくとも庶民が普段身にまとっているのとは違うものを着用して、宗教的な営為にいそしんでいる。けれども、特定の人間だけが特定の宗教的な装いをすることは果たしてどうでもよい問題だろうか。何よりこれは、プロテスタンティズムの万人祭司主義と矛盾しないだろうか。特に厳格なカルヴァン派の信仰に生きる人びとは、そのような問題提起を行った。

事態は深刻である。英国国教会のアイデンティティは儀式という外面に現れるものに大きく依拠していたのだが、その外面的なるものであっても特にカルヴァン派の純粋派たち――そろそろピューリタンという表現を採用しよう――からすれば、充分に問題あり、とされたわけだからである。儀式を過度に重んじる国教会は「カトリック的」ではないか。そういう、プロテスタントにとって最も厳しい批判さえも、この時期のピューリタンたちは国教会に対して行っている。

いまや「属地主義の宗教改革」が重ねてきた無理は、白日のもとに晒されることとなった。もちろん、国教会の側もピューリタンたちの批判をただ甘受していたわけではない。英国国教会の最高責任者の一人はカンタベリー大主教だが、一六三三年その職に任じられたのはウィリアム・ロード（William Laud：一五七三－一六四五）である。ロードは、イングランド国王と高位聖職者とが連携することで「属地主義の宗教改革」を強力に推し進めようとし、これに対し、宗教儀式面・教理面そして教会統治面（ロードはカトリック的なヒエラルキーを英国国教会の組織でも採用すべきだと説く）から反対するピューリタンたちを徹底的に弾圧した。いわゆる「ロード体制」と呼ばれる政教関係が築かれたわけだが、ここにピューリタンたちは、ロードが指導する国教会のあり方のみならず、ロードを登用するスチュワート家出身の英国王チャールズ一世（Charles I：在一六二五－一六四九）に対しても反感を募らせることとなった。

チャールズにとって不幸だったのは、ちょうどこの時代、彼が中央集権化を推進する過程で、国王はイングランドの従来の政治慣習を無視しようとしている、と人びとに目されたことである。国王は議会を軽視した政権運営をしてもよいのか。かくして英国の国家基本構造をめぐる論争が、国王とピューリタンたちの存在感が強い議会との間で生じる。

このように、宗教をめぐる論争と政争とが複雑に絡み合いつつ、一六四〇年代以降、イングランドは内乱に突入していった。その後の経緯は周知のとおりであろう。議会派の軍隊を指導したオリバー・クロムウェル（Oliver Cromwell：一五九九－一六五八）は一六四九年、国王チャールズを処刑して、イングランドの地に共和政を敷く。しかし護国卿と称して独裁政治を行ったクロムウェルの統治も長くは続かず、一六六〇年にはチャールズ二世（Charles II：在一六六〇－一六八五）による王政復古が起こり、それがまた一六八八年の名誉革命で軌道修正される。こうした出来事を積み重ねながら、数十年をかけて国王の手から議会に権力の所在を移していく。それが英国政治史にとっての一七世紀ということになる。

二　ピューリタニズムとイングランドの政治思想

ところで、この内乱期のイングランドが政治思想の歴史の中で大きな意義を持っていることは、改めていうまでもない。後にも触れるように、西欧政治思想史上の巨人たちが登場してくるのがこの時代のイングランドであるが、ここでは本書全体の視点に引きつけつつ、必ずしも彼ら巨人たちの業績に直接的には属さない一つの論点を考えてみよう。

敬虔主義という言葉を文字どおりに捉えるならば、ピューリタニズムとはブリテン島における敬虔主義といえなくもない。そもそもからしてそれは、純粋な（ピュアな）宗教的実践がイングランドの地で広まることを希求しているからである。事実、ドーヴァー海峡を越える敬虔主義者たちの交流も確認されている。たとえば時代は後になるが、近代イギリスにおける大きな敬虔主義運動となったのがメソジズム運動だが、それを指導したジョン・ウェスレー（John Wesley：一七〇三－一七九一）は本書でも触れたツィンツェンドルフの敬虔主義運動から多大なインスピレーションを受けている。

だが、敬虔な信心を分かち合う共同体をどう構築したらよいのか。この問題に直面したとき、大陸とブリテン島を分かつドーヴァー海峡の距離はにわかに遠くなった。

あらかじめ述べるなら、アングロ・サクソン世界に生まれたピューリタニズムを本書が重要だと見なすのは、それが、自発的結社（ボランタリー・アソシエーション）という宗教共同体のモデルを定式化したからに他ならない。一七世紀イングランドに生きたピューリタンたちが共有する信念があったとすれば、それは、「属地主義」を自明の前提とする国教会制度に対するラディカルな批判だった。彼ら彼女らは国教会制度の押しつけに対して、最後は革命沙汰にさえ及ぶ。ここに見て取れるのは、自身とその環境がかかわる宗教的生活が聖性を欠くことに対する拒否反応である。そしてこれこそが、宗教共同体をめぐる大陸の敬虔主義とアングロ・サクソン世界のピューリタニズムとのコントラストを浮かび上がらせているのである。つまり、前者が往々にして最後まで既存の教会にとどまって信心の純化を図る内部改革運動だったのに対し、後者は既存の国教会から脱出する運動になった、ということである。

付言しておくなら、ピューリタンたちによるこうした国教会批判の背景には「終末意識」が関係していた。いうまでもなくこれは、本書が全体を通して重視している思想的要因だが、一七世紀のイングランドでいえば、旧約聖書の黙示思想に由来する歴史観が見直されたり、フランスなどのカトリック国の動向を「反キリスト」勢力の台頭と見なしたりと、そこでは少なからぬ人びとの間で強烈な「終末意識」が共有されていた。そして、そういう知的・心理的環境も手伝って、ピューリタンたちは容易に、既存の国教会の「堕落」を終末の予兆と見なすことになったのである。

そして、以上の点を指摘した上で、ここで何より重要視したいのは、高揚した「終末意識」に導かれつつ国教会批判を行ったピューリタンたちが、ただちに彼ら彼女らなりの「共同性」を実践した、ということである。国教会内では宗教改革の理念が徹底されないと悟ったピューリタンたちは、ロードたちによって弾圧されたこともあり、既存の教会から離脱しようする。そして離脱した者同士の（宗教的な）共生を具体的に図ろうとする。侮蔑的なニュアンスを込めて「セクト」と呼ばれることもある、宗教的理念を高い純度のまま共有しようとする共同体を人為的に立ち上げることを通じて、である。

しかも、ピューリタンたちは、一時的な国教会批判とそれに伴う高揚した思いだけで自分たちの宗教共同体を形成・維持できるとは考えていなかった。新しい宗教共同体を持続させるには、しかるべき「装置」が必要だ。このことから彼ら彼女らは目を逸らそうとはしなかった。では、ここでいう「装置」とは何か。聖書に慣れ親しんでいたピューリタンたちは、「共同性」を現実化させていたものを、この宗教テクストから取り出してくる。つまり、「契約」である。神と人、そして人と人とのあるべき関係を規定し、これを軽視したときに被る制裁まで明示する聖書の契約理念。これに一人一人が自覚的にコミットすることが、国教会離脱後に建ちあげられる宗教共同体の中心になるのである。

こうした消息を体現している人物こそ、ジョン・ミルトン（John Milton：一六〇八－一六七四）に他ならない。『失楽園』などの宗教的叙事詩を著した彼は、イングランドの内乱に際してはペンを採り、革命軍とクロムウェルの共和政を擁護したイデオローグでもあった。

ミルトンの慧眼は、強大化を図るチャールズ国王の権力基盤が国教会制度であることを鋭く見抜いていた。そもそも制度というものは、慣習や伝統に則している、との理由で正当化されるのが常だが、これに対しミルトンは、宗教と政治において慣習が占める地位を認めない。その上で、個々人の聖書解釈を尊重する宗教共同体が設立されるべきであることと、そうしてできた宗教共同体に対する寛容とを彼は主張していくが、こうして、慣習や伝統なるものに対する（個人に端を発する自発的な）人為性の優位が示されていくのである。

そして、自発的に立ち上げられた教会を政治権力は寛容をもって遇せよ、とのミルトンの所説が示唆しているように、ピューリタンたちの共同体観は、その影響を宗教の領域にとどめるものではなかった。彼ら彼女らは、自分たちの理念を体現する宗教共同体を一七世紀のイングランドの地で、少なくとも一時期、首尾よく確立・維持するに至った。こうなると、自信をつけたピューリタンたちが次のような考察を行うようになるのは、容易に想像できる。つまり、個々人の主体性や自発性を重んじることで人は理想的な宗教共同体を立ち上げうるのであれば、同じことがどうして世俗の政治共同体でもいえないだろうか、という考察である。

かくして一七世紀のイングランドでは、目的志向的で、かつ人為性を特徴とする政治思想が百花斉放の様相を呈することになる。その代表格はいうまでもなく、悲惨な内乱の実情に鑑みて、人びとの生命の保全を究極目標に設定する政治共同体を提案したホッブズ（Thomas Hobbes：一五八八－一六七九）である。しかし、ビッグネームたちだけでなく、ほとんど無名の著者たちの手による宗教的そして政治的構想もまた、主としてパンフレットの形で、数多く提案されていた。単純化は慎むべきだが、聖俗両共同体のあり方を問い直すチャンスは、近代初期のイギリスにおいて宗教共同体が自発的結社として捉え直されたことにも由来していたのである。

三　アメリカの政治文化における「離脱への傾向性」

いよいよアメリカを扱う段に入るが、本書はこの国を以上の文脈に即して考えることにする。つまり、いまや手垢がつき、しかも多分に問題視されるのが「近代イギリスにおけるピューリタニズムの影響を受けて築かれた政治共同体としての合衆国」という見方ではあるが、これを、宗教的か政治的かを問わず、共同体を自発的結社として受け止める傾向が強いアングロ・サクソン世界、という視点から捉え直してみたいのである。そのとき、近現代史の主要なアクターとなった「新大陸」の国家はどのような姿を私たちの前に現すことになるのだろうか。

少し遠回りしつつ、ここでの問題に接近してみよう。

やや唐突な印象を受けるだろうが、アメリカという「新しいアングロ・サクソン世界」を検討するに際しては、自然環境というものを軽視してはならないと思う。交通の発達により、大洋を越えることは今日ずいぶん容易になった。アメリカ本土にしても、私たちはいまそこに比較的容易にアクセスできる。けれども、その地に足を踏み入れた人は誰しも感じるはずである、そこには広大な土地があるということを。そして次のような想像を膨らませた人も、あるいはいるかもしれない。遥か彼方に地平線が広がる土地は、昔そこで生きることを決意した人びとの共同体形成にどういう影響を与えたのだろうか。

北米大陸における植民活動で大きな役割を担ったのは、これまで述べてきたように、理念にもとづいて共同体は形成できるし形成すべきだ、と固く信じるピューリタンたちだった。ところで、政治の現場では、特定の理念を特定の人（びと）が過度に追求すると、いろいろな無理が生じるものである。当の理念をめぐる衝突も起こるだろう。そしてこのとき、共同体を設定する場としての空間が重要な意味を持つことになってくる。

たとえば、人びとの政治的な営みが限られた空間でなされるのであれば、理念の衝突を経験した人びとはここで、遅かれ早かれ妥協というものを学習することになる。つまり、「落としどころ」を見つけて、自分とは異なる理念を抱く人びとであっても、何とか共に生きようとする知恵や経験を身につけるようになるわけである。

ところが、私たちがいま問題にしている北米大陸には、幸か不幸か、かつてフロンティアと呼ばれる広大な未開の地が存在していた。となると、そこで生きる人びとは、共同体形成に際して理念の妥協を迫られるくらいなら、外に飛び出して行けばよい。飛び出した先で新たな土地を得て、そこで改めて志を同じくする人びとと共に、理念の純度を高く保った共同体を立ち上げればよい。つまりアメリカの自然環境は、自発的結社としての共同体を点在させるだけの空間をアメリカに渡ったピューリタンたちに提供できたのである。

一つの例を紹介しておこう。プロテスタントの中にクェーカーと呼ばれる一派がある。一人一人の内面に対する神からの直接的な働きかけを重んじる人びとで、平和主義を採用していることでも名高い。ただし彼ら彼女らなりの聖書の理解に従って法廷での宣誓を拒否したこともあり、この派は特に世俗的な秩序に責任を持つ人びとから白い眼で見られることが多々あった。そのため、イングランドを出てアメリカに渡ってからも、クェーカーたちはピューリタンたちがすでに開拓していた場所にスムーズに入っていけなかった。けれども彼ら彼女らは英国王からニュージャージーの西側の森林地帯を開墾する権利を獲得し、そこに、多様な信仰の自由を保障する共同体を首尾よく建設することができた。いうまでもなく、当時のクェーカーの指導者であるウィリアム・ペン（William Penn；一六四四−一七一八）の名に由来する「ペンの森」すなわちペンシルバニア植民地である。この例が示すように、アメリカでは人びとが住み分けすることで、理念や利害の衝突を回避することができたのである。

以上、アメリカの自然環境ということに引きつけて考えてきたが、要するにそこから指摘できるのは、アメリカという共同体形成の実験場に特徴的な二つの論点である。つまり、一つは、既存のコミュニティから人びとが飛び出すことを可能にする広大な空間であり、もう一つは、そこに移り住んできた人びとが理念や利害を同じくする者同士で共同体を形成する事例の多さである。

これらを意識しながらアメリカ人の共同体形成の経験を考え直すとき、そこからは確かにいくつかの政治的長所が導かれることになる。たとえば、参加意識の強いコミュニティの建設である。アメリカの都市では「タウン・ミーティング」を通じた自治がなされてきた、とは日本の中学生でも習う事柄だが、その前提には、話し合えば理解し合えるはずのコミュニティ仲間に対する信頼がある。

だが、見方を変えると、そうした共同体は、異質な人びとと何とか折り合いをつけて共存を図る学習の機会が少ない空間でもある。つまり、理念や利害が同じ、否、同じであるはずだというプレッシャーが働き、その意味で、他者というものが認識できにくい集団である。しかも、そうした共同体を自分たちは自発的に作り上げた、という自負がここでの集団には伴いがちになる。こうして、中央からの指図やコントロールなしに形成される同質性の高いコミュニティ像が、共同体にかかわるアメリカ人の原風景となるのである。

いうまでもなく、そうした（虚？）像に今日もなお訴えかけ続けているのが、アメリカの保守主義と呼ばれる立場に他ならない。そこで顕著なのは、反連邦政府（anti-federal government）主義である。これは、自分たちがそれこそ顔をつきあわせた関係の中で組み立てた共同体を、ワシントンという遥か遠方の都市に存在する立法府や行政府がコントロールしようとすることに対する反発を特徴とする。私たちは、末端に位置する（ローカルな）共同体をも中央政府が統制していることをもって、国家が成り立っていると見なしがちだが、そうした政治共同体にかかわる大前提が通用しないロジックがアメリカには働いているわけである。しかもそのロジックはアメリカの地理的環境によっても担保されている。そのことを、アメリカを考えるにあたって最初に確認したかったのである。

四　「道徳的共同体」としてのアメリカン・コミュニティ

さて、二一世紀の初めに起こった、いわゆる「九・一一同時多発テロ」とそれを受けて始まったイラク戦争や米軍によるアフガニスタン攻撃。そうした出来事をきっかけにして、次のような説明を多くの人びとが行うようになった。すなわち、アメリカはキリスト教の中でも信仰熱心なピューリタンたちが作り上げた国家である、それゆえ、そのピューリタニズムにもとづいてアメリカ人は、キリスト教信仰・キリスト教文明にとっての味方と敵をはっきり分けるのだ、そして、敵を宗教的な熱心さに由来するモラリズムの立場からこの世から排除しようとするのだ、といった説明である。

これに対し、本章の後半でまず述べたかったのは、何も特定のキリスト教の教説だけがアメリカの文化と政治に過剰なモラリズムをもたらしたわけではない、ということである。そうではなくアメリカの自然環境や風土それ自体も、たとえばアメリカ人のコミュニティ観を「道徳的共同体」として多分に認識させる装置として作動させてきた。そのことを無視してはならない。

加えてここでは、本章の前半に即しながら、アメリカを含むアングロ・サクソン世界の歴史的かつ宗教的な経験が、共同体を理念的・道徳的純度の高いそれとして意識させる傾向を指摘した。宗教的純粋さを希求する動きは、それこそキリスト教史の至るところに見いだすことができるけれども、問題はむしろ、そうした希求を持続可能にしている宗教共同体のあり方なのであって、この点で近（現）代のアングロ・サクソン世界は、自発的結社のモデルで教会を理解するというビジョンをキリスト教史に付け加えつつ、ここでの課題に応えたのだった。

そして私たちがこれから確認しようとしているアメリカ、特に二〇世紀以降の現代アメリカでは、本来であれば究極的な理想や価値道徳を指し示すものであるはずの宗教が政治的リアリズムを担う事例が見られた。その際、アメリカ政治の「宿痾《しゅくあ》」ともいうべきモラリズムに対してキリスト教はどう向き合ってきたのか。このことを次章では検討したい。

第14章　現代アメリカ政治とキリスト教の新潮流

地理的環境そしてピューリタニズムによる共同体形成の伝統。これらに鑑みつつ、前章ではアメリカ政治にそもそもモラリズムが働きやすいことを述べた。これに対し本章は、他ならぬキリスト教信仰の視点から、逆にこのモラリズムを批判した人物を紹介することから始めよう。取り上げるのは二〇世紀を代表するアメリカのプロテスタント神学者、ラインホルド・ニーバー（Reinhold Niebuhr：一八九二－一九七一）である。彼は語る。

政治行動に関する首尾一貫した理論は、それが現実主義的なものであれ理想主義的なものであれ、人間の自由が持つ創造的な傾向と破壊的な傾向の間にある入り組んだ関係を観察することに失敗している。

（チャールズ・C・ブラウン、二〇〇四年、二六五頁）

理想と現実、および創造と破壊の間にあるものを重視しようとするニーバーのキリスト教倫理上の立場は、クリスチャン・リアリズム（Christian realism）と称されている。しかも、ここでのリアリズムは単なる思想的立場に限定されなかった。そもそもニーバーその人のイメージは、霞を食って生きる高僧のそれではない。たとえば第二次世界大戦後、ニーバーはアメリカ国務省の政策企画室に迎えられ、ジョージ・ケナン（George Frost Kennan：一九〇四－二〇〇五）やハンス・モーゲンソー（Hans Joachim Morgenthau：一九〇四－一九八〇）といった外交官や国際政治学者と積極的な意見交換を果たし、アメリカ現実主義（リアリズム）外交の確立に貢献した人物でもある。そんな彼が登場したことの意味を確認した上で、「ポスト・ニーバーの時代」として私たちにも馴染みのある時期におけるアメリカの政教関係を読み解いてみよう。

一　ニーバーとモラリズムの相対化

一九世紀の終わりのアメリカでドイツ系移民の子として生まれたニーバーは、父と同じ聖職者の道を志す。若い頃の思想は進歩的だった。つまり、牧師になるための教育を受ける中でニーバーは、知力や道徳心などの諸能力が発展していくことでたとえば社会的な問題を人間が解決しうることを、素朴に信じるようになっていたのである。そのような彼が赴任したのが一九一〇年代半ばのデトロイトであった。当時そこは、ヘンリー・フォード（Henry Ford：一八六三－一九四七）という伝説的な企業家がいたこともあって、自動車産業の町として飛躍的な発展を遂げている最中だったが、その一方で労使紛争など社会問題が深刻化している都市でもあった。青年牧師ニーバーはこうした現実から目を背けようとせず、社会主義運動や（第一次世界大戦後にアメリカでも盛んになっていた）平和主義運動に積極的に参加した。しかしこうした運動に打ちこむ中で、ニーバーに一つの発見が生じる。すなわち、社会主義運動それ自体にも潜む人間の罪深さの、より具体的には労働者階級のエゴイズムの発見である。

こうして若きニーバーは、一九二〇年代当時、ほとんど唯一の社会的理想の実現運動と見なされていた社会主義をも相対化する視座を手に入れた。その視座は一九三〇年夏、共産主義革命を成功させたソヴィエト・ロシアを視察する機会によって強められていく。

新しいロシアはたくましく活気に溢れているが、そのバイタリティは残虐性によって彩られており、旧い体制のすべての代表者や象徴に対する復讐心は新しいロシアの成果を褒めたたえようとする者の熱意を冷まさずにはおかない。

（鈴木有郷、一九九八年、七七頁）

「労働者の天国」の実態をこのようにアメリカの雑誌に報告しつつ、徐々にニーバーは道徳のあり方を考え直し始める。すでに一九二八年以来、ニューヨークにある進歩的な神学教育機関でキリスト教倫理の講義を担当する教授職に任じられていた彼にとって、問題は深刻であった。現世にあっては、いかなるモラリズムも罪深さを免れることができないのではないのか。そもそも、単に悪を糾弾するというのでは安易に過ぎるのであって、何もキリスト教の出番を待つ必要はない。こうした思考を積み重ねつつ、ニーバーは神学的立場を築いていく。キリスト教信仰に倫理的な妥当性があるとするならば、それはむしろ、一見したところモラルに適っていると思われることにも潜む悪を浮かび上がらせてこれを批判的に問い質《ただ》すことにあるのではないか。クリスチャン・リアリズムはこうして誕生する。

二　罪をめぐる相対的視点

こうしたニーバーの立場がアメリカにあって、少しずつ人びとに評価されていった様子を具体的に述べることが、クリスチャン・リアリズムの意義を確認する一助になるかもしれない。取り上げるトピックは戦争をめぐるものである。

一九一八年、第一次世界大戦は終結したが、これを機にアメリカでは、絶対平和主義がかつてない規模で人びとに支持されるようになった。というのも、ヨーロッパ大陸よりあるいは負傷して、またあるいは「無言で」帰還した兵士たちが近代戦の惨状を伝える中で、多くのアメリカ国民は次のような認識を抱くようになったからである。つまり、「このたびの戦争はヨーロッパ列強の植民地獲得戦争であって、そんなものにアメリカがかかわる必要はなかったのだ」という認識である。

またここで看過してはならないのは、こうした人びとの反戦・厭戦意識がアメリカ国内の宗教事情によっても助長された、という点である。このたび参戦に踏み切ったアメリカには、まさに信仰の自由を保障する国だったからこそ、ヨーロッパ各国ではあまり見られないキリスト教の諸教派が存在していた。たとえば聖書の文言を文字どおり受けとめた結果として、権力への関与を前提とした世俗的な公職と距離を置こうとし、のみならず絶対平和主義をも標榜するプロテスタントの諸教派である。その代表となるのが、一六世紀のオランダ人メノー・シモンズ（Menno Simons：一四九六－一五六一）に由来するメノナイト派であり、また翌世紀の半ばジョージ・フォックス（George Fox：一六二四－一六九一）が英国で創始したフレンド派（「クェーカー」とも呼ばれる）である。これらのグループはヨーロッパでは公的な秩序を乱す輩《やから》として白眼視されがちであった。けれども、これらの教派に属する人びとが戦時下にあって示した道徳的な気高さは、悲惨な戦争を体験した多くのアメリカ人キリスト教徒たちに感銘を与えないではおかなかった。

こうした事情も重なり、戦後のアメリカでは、およそキリスト教倫理に適わぬ、およそ正当化できない戦争として今回の世界大戦を受け止める見方が広く人びとに共有された。そして選挙民でもあった彼らは、自分たちが議会や行政府に選出する政治家にも同じ判断を期待するようになる。第一次世界大戦へのアメリカの参戦を決断したウィルソン（Woodrow Wilson：一八五六－一九二四）が戦後、キリスト教徒の間で支持を失った背景の一つはここにある。その結果、この合衆国大統領が戦後世界の秩序構築を目指して提唱した国際連盟に、当のアメリカは議会の反対によって加盟できなくなったのである。

さてニーバーは初め、当時の反戦平和運動に積極的に参加していた。平和団体の委員長を務めていた時期もある。しかし彼の中でクリスチャン・リアリズムが芽生えていく過程で、考えに変化が生じていった。

もちろん平和というものがキリスト教倫理に適っていることは、引き続きニーバーも認める。しかしキリスト教が訴えなくてはならない道徳の中には、結果責任にかかわる道徳項目も存在するのではないだろうか。戦争に関していえば、それを引き起こす人間の罪を指摘・非難するのは比較的簡単である。けれども、だとすれば同じように、「現実的な」平和構築に対する無責任という罪もまた存在するのではないか。そして、アメリカのキリスト教徒たちが、特に平和運動に携わっている進歩的なキリスト教徒たちがともすれば軽視しているのが、後者のタイプの罪ではないだろうか。こうしたニーバーの判断が強化される大きなきっかけとなったのが、日本人にとっては皮肉なことに、満州事変をめぐってなされた弟リチャード・ニーバー（Helmut Richard Niebuhr：一八九四－一九六二）との論争である。

一九三二年の春、イェール大学の教授職にあったリチャードはキリスト教オピニオン誌に一文を寄せた。そこで彼は、事変への対応策として経済制裁を日本に対して行うべきだと勇ましく説くアメリカ人たちを非難する。中国侵略ということでいえばアメリカは日本の先輩格にあたるのであり、アメリカによる日本の糾弾は偽善以外の何ものでもない。少なくともアメリカのキリスト教徒は、自国が日本に向けて強制力を行使するのを支持すべきではなく、むしろこの機会を帝国主義にかかわる自己反省の時とすべきなのだ。こうした主張を掲げたリチャードの文章には、「何もしないことの恵み（The Grace of Doing Nothing）」とのタイトルが付せられてあった。

だが兄ラインホルドはただちに、弟の論考に対する反論をものする。兄が弟の中に見いだしたのは、「不純な動機を宿す行為はすべて均等に不道徳であるとみなす宗教的蒙昧」に他ならなかったからである。兄は指摘する。弟は「強制力の不道徳性のみが特定の状況から切り離されて一方的に強調される」という過ちを犯している。しかしリチャードのように「イエスの倫理に文字通り忠実であろうとする人は、結局相対的な正義のために何もできずに終わり、その無活動がかえって悪を助長してしまうという皮肉な結果を生む」（鈴木有郷、一九九八年、八〇－八一頁）であろう。このようにラインホルドは、自分と同じくアカデミックな世界でキリスト教倫理を講じるようになった弟に、責任倫理を軽視しない観点から再考を促しているのである。

戦争と平和をめぐって明確な姿を現し始めたラインホルド・ニーバーの倫理思想は、満州事変の数年後、より人びとの注目を集めるものになっていく。いうまでもなく、ヨーロッパにおけるナチスの台頭が契機となって、である。

ヒトラーの中欧における野心に対してイギリスやフランスが妥協した一九三八年のミュンヘン会談は、ニーバーにとって非難に値するものであった。それゆえ、以降のニーバーは、全体主義からデモクラシーを守るためにアメリカが果たすべき役割を人びとに意識させようと努め、ナチスとの戦争が生じたとしてもそれはキリスト教信仰と矛盾するものではない、との主張を重ねていくこととなる。ただしその過程で、今回もまた、平和主義に立つキリスト教指導者との論争が生じた。

戦争が人類最大の罪悪である、と平和主義者は主張する。これに対してニーバーは「強制は必ず不正を生む。しかし、不正を正すためにも強制は必要なのだ」という主張を撤回しない。キリスト教徒の「関心は、いかに罪の現実と真正面から取り組むかということであり、いたずらに罪からの解放を願うことではない」というのがニーバーのここでの根拠であるが、そう述べた彼は、次のように平和主義者に対して語りかける。

あなたの誤りは、歴史の中に罪を犯さずに生きようとすることにある。けれども、そのような可能性は歴史の中に存在しない。

（鈴木有郷、一九九八年、一二八 - 一二九頁）

人間は罪深さという点では同等であり、そのため誰かが誰かを裁くのは偽善のそしりを免れえないであろう。しかし、こうした罪深さに対する責任という点では、人間は同等ではない。ナチスの罪深さとアメリカの罪深さを並べた上で、神という「絶対的」な視点からすればどちらも罪深さという点では変わらないとし、だから批判し合うのはよそうとする態度。これは一見したところキリスト教的である。けれども罪をめぐる考察においては、絶対的な視点だけでなく「相対的」な視点もまた必要とされる。そして、一九三〇年代、現実的な平和の構築という道徳的な価値をめぐっては、「絶対的」ではないにしても「相対的」に、アメリカはナチスにモノをいえる立場にある。だったら、実際モノをいうべきなのである。

こういうニーバーの主張には当初、多くの批判が寄せられた。何より、アメリカのキリスト教徒たちは、彼を好戦的な聖職者と見なすだけで、なかなか理解しようとしなかった。けれども、時間の経過と共にヒトラーの野望が明らかになるにつれ、あのとき、ああいう決断をアメリカに促したニーバーと、そのクリスチャン・リアリズムという立場が評価されるようになっていくのであった。

そしてアメリカの二〇世紀後半が始まる。

三　ニーバーとベトナム戦争

第二次世界大戦後しばらくのアメリカ神学史を、本書では「ニーバーの時代」と呼びたいと思う。ここでいう「ニーバーの時代」とは、プロテスタントのキリスト教が大戦後のアメリカにおいて、社会的のみならず政治的にも発言力を高めた時期、という意味である。単なる宗教と社会的実践とのコラボレーションというのではない。ホワイトハウスの政策決定にかかわる提言を、キリスト教の聖職者が行う時代が始まったのである。

ただし、評価が分かれるところであるが、具体的な政策決定に影響力を持ち始める中で、ニーバーの思想が徐々に保守的な方向に移っていった点もここで指摘しておきたい。マルクス主義に接近し、その立場から二〇世紀前半のアメリカ社会を批判したのが若き日のニーバーだった。と同時に、(特にアウグスティヌスを研究する中で培われた)深刻な罪の力の認識と社会主義国の実態把握とから、特定の抽象的なイデオロギーへの固執を彼は避けようともした。ところが、年齢を重ねるにつれ、また自身が向き合ってきたアメリカという国家が全世界の秩序形成に対して大きな責任を持つことを意識し始めるにつれ、保守主義としか表現しようのない思想の基軸がニーバーの中で重要な意味を持つようになったのである。この点はニーバーその人も認めているところであって、一九五〇年代以降、彼は、英国の思想家かつ政治家で保守主義の開祖とされるエドマンド・バーク(Edmund Burke：一七二九－一七九七)を高く評価するようになる。

ただし、保守的になったからといって、ニーバーが時の政権にただ媚びへつらうようになったわけでは断じてない。公民権法を成立させたこともあり、民主党選出の大統領ジョンソン(Lyncon Baines Johnson：一九〇八－一九七三)を彼は高く評価していた。しかしそのジョンソンが一九六五年以降、ベトナムへの軍事介入を強めると、ニーバーはただちにこれを批判する論考を発表した。一九七一年に亡くなる彼は、最晩年になっても、学生や市民によるベトナム反戦運動への強い支持を表明している。

けれども、アメリカはベトナムから撤退すべしと論じたニーバーの、少なくとも当初のロジックは、なかなかニュアンスに富むものであった。保守主義というものが政治の世界で果たす役割を示唆する例でもあるので、簡潔に触れておこう。

直前で述べたとおり、ニーバーはアメリカのベトナム介入に反対する。問題はその理由だが、ある国でデモクラシーを作動させるにはそれを可能にする一定の「文化的土壌と活発な産業力・工業力が必要」（鈴木有郷、一九九八年、二五〇頁）だ、とニーバーは指摘する。人為的に設定されたプログラムを人びとに押しつけることで特定の政治体制を急激に作ろうとすることに反対する、保守主義者の面目躍如たる指摘である。しかし、この視点からすると、ニーバーの目に映るベトナムは「文化的土壌」も「活発な産業力・工業力」もない国であった。だから、そういう国に大規模な軍隊を送り、そこでのデモクラシーを共産主義から守ろうと呼びかけるのは、ナンセンスも甚だしいのである。ベトナムの人を侮辱するような話ではあるが、保守という立場が保守ゆえに少なくとも政治的帰結としては反政府的になりうる可能性を示す一例ではある。

それはともかく、ニーバーの登場によって、ベトナム問題や黒人差別撤廃運動など白熱した社会的政治的イシューに対しても発言できるキリスト教神学者をアメリカは得ることとなった。また、この優れた神学者に学んだ若い世代が師の衣鉢を継いでいく。してみるとニーバーは、キリスト教が現代の先進国においても存在意義を持続しうることを証明した人物だともいえよう。ちなみに、歴代合衆国大統領で自身の政治哲学の師として少なくとも明示的にニーバーの名を挙げたことがあるのは、ジミー・カーター（James Earl Carter：一九二四－）とバラク・オバマ（Barack Hussein Obama：一九六一－）である。

四　アメリカ福音派と終末意識

激しい選挙戦を経て、二一世紀最初の合衆国大統領に前テキサス州知事のジョージ・W・ブッシュ（George W. Bush：一九四六－）が当選できた背景には、キリスト教徒の支持があった。日本でもそのような報道がなされたし、のみならず、一部のマスメディアは、ブッシュに投票したキリスト教徒の少なからぬ部分は今日もなお聖書を文字どおり神の言葉と信じているし、進化論を否定して（旧約聖書の冒頭となる「創世記」に即して、神による）世界と人間の創造を疑ってもいない、と指摘もしていた。ここでの論調は揶揄の混じったものであるが、その評価はともかくとして、今世紀に入っても私たちはアメリカ政治にキリスト教が影響力を及ぼしていることを教えられたわけである。では、ブッシュを当選に導いたキリスト教徒の行動力と発言力とは、これまで見てきたニーバーに由来するものなのだろうか。

あらかじめ述べるなら、ブッシュをホワイトハウスに送り込むのに貢献したキリスト教徒たちの多くはニーバーの影響を受けた者ではない。後で述べるように、むしろそれはニーバー的なキリスト教信仰に反感さえ抱いた人びとである。つまり、「ニーバーの時代」には賞味期限があったのである。日本では用語法の混乱があり最終的な確定を見ていないが、本書では、彼ら彼女らを「宗教右派（religious right）」と呼ぶ。この宗教右派が、特に一九七〇年代後半以降に発言力を強めて、ニーバーが体現する政治と宗教との結びつき方を駆逐した上で、新たな仕方でアメリカ政治に一定の影響力を行使したのである。

面白いことに、後に宗教右派の支柱を担うことになる人びとの、すなわち「福音派（evangelicals）」と呼ばれる人びとの多くは、最初から政治に強い関心を抱いてきたわけではなかった。あえていえば彼ら彼女らは非政治的でさえあった。しかも、ここでの非政治性は福音派の神学思想と決して無縁ではない。多くの研究者が指摘しているとおり、アメリカ福音派の神学思想的特徴は聖書を神の言葉そのものとして信じる聖書主義と、本書全体が関心を向けている終末意識（の独特なバージョン）に求められる。この規定に即して、福音派の「非」政治神学の理路を辿ってみよう。

まず聖書主義について。聖書主義そのものであれば、本書でも触れたように、それは一六世紀以来プロテスタンティズムそのもののメルクマールである。これに対し、現代アメリカのそれは一九世紀から二〇世紀にかけて、科学的な立場からの批判を経験したものであることが重要である。「創世記」冒頭の世界創造論に対する進化論からの異議申し立て、またアカデミックな聖書学の進展によって指摘されるようになった聖書テクストそのものの相互矛盾。これらを受けとめたことにより、現代アメリカの聖書主義は客観的な真理性を主張することに障害が生じていた。したがって、いまや聖書のメッセージは、少なくとも自身の人生の指針として誤りがないことを、一人一人のキリスト教徒が証ししなくてはならないものになったのである。

換言すれば、科学的な客観性という基準を満足させられなくなった聖書無謬説は、多くの場合いわば救済された者の側からその正当性を付与しなくてはならない、主観的かつ個人的な「真理」とならざるをえない。こうした性格を帯びた聖書主義のユニークさは、特に非アメリカ人によって意識されていた。たとえば第二次世界大戦後この国を訪れたドイツのプロテスタント神学者ヘルムート・ティーリケは、聖書は神の言葉か否か、イエスもしくはノーで即答せよ、と迫られた経験を思い出しながら述べる。アメリカの福音派の聖書信仰は自己完結的でありながら、別のものがそこに入ってくるのを絶えず恐れているような雰囲気を漂わせている、と（H・ティーリケ、一九七二年、五七－五九頁）。

また、福音派の終末意識もここでの説明に際しては見すごせない重要性を持っている。彼ら彼女らは新約聖書に収められている「ヨハネの黙示録」にユニークな解釈を加えた終末論を重んじていた。「前千年王国説（premillennialism）」と呼ばれるものである。これは、現世の終わりに際してイエス・キリストが突然地上に再臨し、彼と救済に選ばれた者たちとが千年の間、平和な世界を実現した上で、その後に真の終末が到来する、という教説である。千年に及ぶ世界秩序の「前」にキリストが到来することを主張することから「前千年王国説」と呼ばれるわけだが、ここで考えてみたいのは、この教説が人びとの対社会観そして対政治観にどういう特徴を付与することになるのか、という問題である。

キリストは次の瞬間にも再臨し、世界を更新するかもしれない。こういう考えが過度に強まると、人びとは、現世における文化的な営みや歴史形成を低く評価するようになっていく。すぐにリセットされてしまう営為に積極的な意義を認めるのは困難だからである。それよりは敬虔な生活に励み、個々人の救済を確かなものにした方がよいだろう。つまり、現世に人為的な秩序をもたらそうとする政治的な営みに対する動機が、ここでは強められなくなるのである。

振り返ってみれば、本書は全体としてキリスト教の神学思想に「終末意識」という要因があることを重視し、それが媒介となって、この宗教と政治の現実との折衝が生じるとき一定の政治思想を生み出していく様子を、折に触れ述べてきた。また、「終末意識」が既存の政治体制に代わる別の政治的ビジョンを提示して、いわゆる「変革の論理」を導き出しさえする事例も紹介してきた。これに対し、二〇世紀後半までアメリカで根強かった終末意識は、過度な切迫性を特徴とする。そのためそれは、世俗秩序を対象化および相対化はできたかもしれないが、文化や歴史そして政治という人間の現世的な営みとの接点を失いかけたといえよう。アメリカ福音派の「終末意識」は、既存の政治レジームに対する「白紙委任」を結果的に行う方向で作用したのである。

いずれにせよ、個人主義的な聖書主義といい前千年王国説を惹起する終末意識といい、福音派を特徴づける神学思想はいずれも、仮に社会や政治を論じることにブレーキをかけても、アクセルを踏ませるものではなかった。もちろん人は生きている限り、社会的・経済的そして政治的諸問題に直面する。だがそんな折も、福音派はこれらの問題を個人の心構え的な次元に引きつけて考えることとなり、問題解決のためのプログラムを論じることは往々にして少なくなりがちであった。

五　福音派の政治的目覚め

以上のように、第二次世界大戦後のアメリカにおいて福音派と称される敬虔なキリスト教徒たちは、まさに敬虔であるがゆえに、世俗の政治にはおよそ関心を示しそうもない人びとだった。そんな彼ら彼女らが一九七〇年代後半から一気に政治化していき、大統領選挙にも影響を与えさえするようになる。ここで生じている現象はドラスティックであるため、少なからぬジャーナリストや研究者がこれに興味を抱き、その経緯の記述と理由説明にこれまで従事してきた。

その際、そこでの議論は、往々にして一九六〇年代以降に全米を席巻したカウンターカルチャーと「(特に民主党政権下における)リベラリズムの行き過ぎ」を重視してきたといえる。つまり、これらによって「古き良きキリスト教国アメリカ」が脅威に直面している、との認識が福音派の人びとによって共有され、それに対する抵抗として福音派の政治化が起こった、というのである。事実、カウンターカルチャーが進行する中で若者たちがドラッグや東洋の宗教に「入れ込んでいく」様子は、大人たちの眉をひそめさせるのに充分であった。また公民権運動の高まりを、それまで正統だと信じられてきたＷＡＳＰ（ホワイト・アングロサクソン・プロテスタント）的なアメリカ政治文化に対する挑戦と見る向きも当時は多かった。このように生活環境の急激な変化があったからこそ、世俗政治へのコミットメントを信仰的な生活にそぐわないと考えることさえあった福音派の人びとの「堪忍袋の緒」は切れ、彼ら彼女らの反動的な政治化が一気に進んだというのである。

さて、本書は以上のような説明に異を唱えるものではない。ただし、本書はこうした説明の他に、神学思想的な理由説明も行ってみたい。あそこまでの政治化がそれまで非政治的だった人びとの間で生じた以上は、それを正当化し、またそれにドライブをかけるだけの思想レベルでの変化もあったはずだからである。そして、そういう問題意識から第二次世界大戦後のアメリカ神学界に目を向けたとき、興味をひかれることが一つある。聖霊（Holy Spirit）とその働きを強調する神学思想の動向である。

いうまでもなく聖霊は、三位一体論の中で、「父」と「子（キリスト）」とならぶ神の位格（存在様式）である。けれども、神学の長い歴史にあって、聖霊を積極的に論じることには、少なくとも教会指導者たちの間で躊躇があったことは否めない。霊というものが無定型である以上、それを語っているときに、必ずしもキリスト教的だとはいえない心霊や民俗学的な精霊との区別が曖昧になってしまう危険があるためである。また、聖霊の働きを過度に強調したグループが、既存の教会体制のみならず社会体制そのものを脅かす暴動に及んだ例も、西洋史には事欠かない。

にもかかわらず、二〇世紀アメリカにおけるキリスト教神学史の一つの側面をなすのは、よりダイレクトな霊的現象を積極的に評価しようとする立場の台頭であった。「神癒」と呼ばれるが、聖職者が祈禱を捧げたところ、聖霊の働きによってたとえば重い病気が治った事例が報告される。その様子がショーアップされた番組としてテレビで放映される。どういう印象を抱くかはともかく、こういったことを見聞きするのは今日のアメリカで決して珍しくはない。また、こういう仕方での聖霊の働きを指示したり言及したりすることを慎むべしとする見解が、神学者たちの間で共有されているわけでもない。むしろ神学者たちは、体系的な神学記述がこれまで聖霊に然るべき紙幅を割いてこなかったことを反省しさえしている。

そういうわけで、アカデミックなレベルでも聖霊を重視しようとする立場が市民権を得てきているのだが、ここで興味深いことが一つある。聖霊に対する関心の高まりが、先に触れた福音派の政治的覚醒とほぼ重なり合う時期に起こっていることである。これを偶然の一致と見なさないのであれば、どういう説明が可能だろうか。

そもそもプロテスタンティズムは、制度的な教会以外の場で、神と人間とが結びつく可能性を積極的に認めようとする傾向を持っている。一人一人が自ら聖書に親しみ、そこから神の声を聞き取ることを、それは推奨しているからである。だとすると、二〇世紀後半のアメリカ福音派に属する人びとは、この傾向を一層強めるのに貢献したといえよう。テレビで放映可能な超自然的な出来事を通じて、神との直接的な交流を経験させることのできる聖霊の働きを、彼ら彼女らは重視するようになったからである。そしてこのとき、改めて現世は人びとに、（聖霊なる）神の働きかけがダイレクトに確認できるはずの舞台として意識されることになる。

しかし、現世に対して開かれた福音派キリスト教徒の目に飛び込んできたのは、およそ「キリスト教国アメリカ」の理念にそぐわない事例だった。危機に瀕しているキリスト教的かつ伝統的なアメリカン・バリューを自分たちが救い出さなくては、との思いは強まる。

加えて、ここで述べた社会的および政治的関心の受け皿に、「会員数において多数であると同時に、社会の各分野で中心を担うエリートが多数属している教派」（青木保憲、二〇一二年、一四－一五頁）という意味での「メインライン（mainline）」教会はなりえなかった。そうした主流派教会はこの時点においても「ニーバーの時代」の影響下にあったからである。

つまり、カウンターカルチャーやベトナム反戦運動に人びとが直面した頃は、ニーバーの影響を受けた若い聖職者たちが全米各地の主要な教会に派遣された時期と重なる。そして、彼ら東部の名門大学神学部を卒業した牧師たちが教会の説教壇から発したメッセージは多くの場合、伝統的なキリスト教の説教とは異質のものだった。それは、人びとのいわゆる宗教心に訴えて、敬虔な生活を推奨するのではなく、聖書を同時代の社会問題に引きつけて解釈・論評するスタイルの説教である。宗教としてのキリスト教が重んじる礼拝の場にも、進歩的なマスメディア上で見聞きするクリティカルな言説が飛び交い始めたことに、人びとはショックを受け、そして失望する。こうして、各種統計が示すように、リベラルな姿勢を持つ（ということは、ニーバーの影響の強い）メインラインの教会は所属会員数を一九六〇年代後半から多く失うようになり、その代わり、素朴な信仰に立脚しようとする福音派の教会は会員数を飛躍的に伸ばしていくことになったのである。

こうして、一九六〇年代までにアイデンティティ・クライシスに脅かされていたアメリカの敬虔なクリスチャンたちは、七〇年代以降、一気に政治的に目覚め、反攻に転じることとなった。思えば、六〇年代までがおかしかったのだ。世俗社会の潮流におもねってキリスト教のメッセージを歪め、しかもそうすることで進歩的であることを気取っているうちに、素朴かつ健全な宗教心とその宗教心が生み出す道徳が、そしてそういう道徳に立脚していたはずのアメリカが危機に瀕したのだ。こういう思いを明快に代弁するメッセージが、日曜日ごとに福音派の教会の説教壇から語られる。それだけではない。これまた第二次世界大戦後急激に発達した媒体を通じて、こうしたメッセージは敬虔なキリスト教徒たちの家庭にフルタイムで届けられるようになったのである。ケーブルテレビなど、多チャンネル化によって発信の場を新たに得たテレビ伝道者たちを通じてである。

こうして一九八〇年になると、保守革命と称される政治ムーブメントの一端を福音派が担う体制が整い始める。ジェリー・ファルウェル（Jerry Falwell：一九三三－）やパット・ロバートソン（Pat Robertson：一九三〇－）といったテレビ伝道者はそれぞれ「モラル・マジョリティ（Moral Majority）」「キリスト教連合（Christian Coalition）」という団体を作り、家族の価値や反共主義を体現する連邦レベルでの政策を実現するよう、人びとを動員し、議会や政党に圧力をかけていく。そして彼らの努力は、伝統的な価値観の擁護を訴える共和党のロナルド・レーガン（Ronald Wilson Reagan：一九一一－二〇〇四）が大統領に当選したことで一定の成果を見た。そして、このレーガン期以来、政治的存在感を示すようになった福音派の一部が宗教右派の支柱を担っていくのである（伝統的な価値観それ自体はカトリック教会も重んじることから、宗教右派と呼ばれるグループにはカトリックのキリスト教徒も少なからず属している）。そんな彼ら彼女らが、二一世紀に至るまでアメリカ政治のアクターになっていることは、周知のとおりである。

六　宗教と政治的メッセージ——むすびにかえて

ただし、宗教右派の影響力が今後とも続くか否かというと、筆者は多分に否定的である。アメリカ社会の世俗化という問題はひとまず置くとしても、次のような事実が政治勢力としての宗教右派のプレゼンスを弱めているためである。

まず、宗教右派の内部で生じた反省が看過できない。冷戦期の終わりに際して、なるほど保守的な共和党政権を誕生させるのに一定の貢献を果たしたのが彼ら彼女らであった。けれども政権担当者はその地位に就くや否や、今度は全国民からの支持を調達しながら権力基盤を固めなくてはならない。競合する政策間での、そしてそれらを推す支持母体間での妥協を余儀なくされることもあろう。事実、宗教右派は妊娠中絶の禁止や公立学校における祈禱など、自分たちの要望が必ずしも政策となって実現するわけではないことを思い知らされた。そして、自分たちが政治的な道具とされたことを自覚した宗教右派に属する人びとの中には、リアル・ポリティクスの世界から改めて距離を置こうとする者も出てきた。

アメリカにおける宗教右派勢力の地位低下を示唆する、第二の事例も紹介しておこう。それは「宗教左派（religious left）」と呼ばれるグループの登場であり、それが福音派のもう一つの政治的選択肢になってきたことである。

この宗教左派の代表的な指導者はジム・ウォリス（Jim Wallis：一九四八－）である。ベビーブーマー世代に属する彼は、福音派に属する教会の聖職者でありながら、社会的経済的不公平の解決を政府に求めることで、「小さな政府」の立場に固執して福祉予算を削減しようとする共和党政権を厳しく批判してきた。

もちろんウォリスたちも福音派である以上、妊娠中絶の是非をめぐる「ライフ・イシュー」に無関心ではないし、この問題で態度をはっきりさせない民主党を責めもする。だが、それだけがアメリカ政治の主要問題であるかのような争点設定がなされることに、宗教左派は批判的なのである。そして、イザヤやアモスといった旧約聖書の預言者の言動を引き合いに出しながら（聖書主義！）ウォリスらは、弱者救済こそ聖書が教える正義の主たる内容であり、市場原理によってこの正義がないがしろにされてはならない、と訴え続けている。

このように宗教左派の支柱を担う人びとは、右派と同じく福音派の信仰を抱きつつも、選択する政策についてはほぼ対極に位置している。ただし、このことを、福音派の政治的「本家争い」がアメリカで生じている、といった話題に還元すべきではないだろう。それどころか、ここで問題になっていることは、本書全体のまとめにかかわってさえいるのである。

本書が取り扱ってきたキリスト教は二〇〇〇年に及ぶ歴史を持つ。そして、この宗教がかくも長き時間にわたって命脈を保ちえたのは、それが、特にその聖典（聖書）が特定の政治的立場に回収されない豊かで深みのある教説を保持してきたからに他ならない。

戦後アメリカの例にあったように、時代は時代ごとにこの宗教と聖書から、まさに当の時代が必要とするメッセージを取り出してきた。時代と時代を秩序づける政治体制を、あるいは正当化し、あるいは批判するメッセージを、である。多くの場合そうしたメッセージは素朴な「物語（narrative）」に由来しているが、素朴なだけにそれは、年齢・性差・国籍そして学識などを問うことなく、人びとの解釈に対して開かれてきたし、いまも開かれているし、そしてこれからも開かれていくであろう。

その意味で、古代地中海世界で発信され始めたメッセージはこれからも、私たちの政治的指針を絶えず新たな形で示し続けてくれるはずである。

主要参考文献

※　引用に際しては、すでに翻訳のあるテクストについては、それを尊重し利用させていただいた。ただし本文との関係で、若干修正を加えた箇所もある。なお、聖書からの引用は『聖書　新共同訳』（日本聖書協会）によった。
※　引用文中などにある〔　〕は、すべて田上による補足である。

【全体に関係するもの】


ウォーリン、シェルドン・S『政治とヴィジョン』（尾形典男・福田歓一・佐々木武・有賀弘・佐々木毅・半澤孝麿・田中治男訳、福村出版、二〇〇七年）。

クライン、R・A、C・ポルケ、M・ヴェンテ編『キリスト教神学の主要著作―オリゲネスからモルトマンまで』（佐々木勝彦・佐々木悠・濱崎雅孝訳、教文館、二〇一三年）。

グラーフ、F・W編『キリスト教の主要神学者　上・下』（片柳榮一・安酸敏眞監訳、教文館、二〇一四年）。

ゴンザレス、フスト『キリスト教史　上・下巻』（石田学・岩橋常久訳、新教出版社、二〇〇二／二〇〇三年）。

ダニエルー、ジャン他『キリスト教史　1～11』（上智大学中世思想研究所編訳／監修、平凡社ライブラリー、一九九六―九七年）。

トレルチ、エルンスト『トレルチ著作集7　キリスト教と社会思想』（住谷一彦・佐藤敏夫他訳、ヨルダン社、一九八一年）。

深井智朗『政治神学再考―プロテスタンティズムの課題としての政治神学』（聖学院大学出版会、二〇〇〇年）。

深井智朗『神学の起源―社会における機能』（新教出版社、二〇一三年）。

マクグラス、アリスター・E『キリスト教神学資料集　上・下』（古屋安雄監訳、キリスト新聞社、二〇〇七年）。

宮田光雄『国家と宗教　ローマ書十三章解釈史＝影響史の研究』（岩波書店、二〇一〇年）。
O'Donovan, Oliver and Joan Lockwood O'Donovan; *From Irenaeus to Grotius, A Sourcebook in Christian Political Thought 100–1625* (William B. Eerdmans Publishing Company, 1999).
Pecknold, C. C.; *Christianity and Politics, A Brief Guide to the History* (Cascade Books, 2010).

【第1部】

木田献一『神の名と人間の主体』（教文館、二〇〇二年）。

古賀敬太『政治思想の源流―ヘレニズムとヘブライズム』（風行社、二〇一〇年）。

第1章

関根清三『旧約聖書の思想　24の断章』（講談社学術文庫、二〇〇五年）。

並木浩一・荒井章三編『旧約聖書を学ぶ人のために』（世界思想社、二〇一二年）。

藤田潤一郎『政治と倫理―共同性を巡るヘブライとギリシアからの問い』（創文社、二〇〇四年）。

山我哲雄『聖書時代史　旧約篇』（岩波現代文庫、二〇〇三年）。

第2章

岩島忠彦『イエスとその福音』（教友社、二〇〇五年）。

大木英夫『終末論』（紀伊國屋書店、一九七二年）。

大貫隆『イエスという経験』（岩波現代文庫、二〇一四年）。

ヨーダー、ジョン・H『イエスの政治―聖書的リアリズムと現代社会倫理』（佐伯晴郎・矢口洋生訳、新教出版社、一九九二年）。

【第2部】

第3章

エウセビオス『教会史　上・下』（秦剛平訳、講談社、二〇一〇年）。

エウセビオス『コンスタンティヌスの生涯』（秦剛平訳、京都大学学術出版会、二〇〇四年）。

カンペンハウゼン『古代キリスト教思想家　ギリシア教父』（三小田敏雄訳、新教出版社、一九六三年）。

シュミット、カール「政治神学Ⅱ」『カール・シュミット著作集Ⅱ』（長尾龍一編、慈学社、二〇〇七年）。

松見俊『三位一体論的神学の可能性―あるべき「社会」のモデルとしての三一神』（新教出版社、二〇〇七年）。

第4章

アウグスティヌス『神の国　上・下』（金子晴勇ほか訳、教文館、二〇一四年）。

金子晴勇『アウグスティヌスとその時代』（知泉書館、二〇〇四年）。

柴田平三郎『アウグスティヌスの政治思想』（未來社、一九八五年）。

マーカス、R・A『アウグスティヌス神学における歴史と社会』（宮谷宣史・土井健司訳、教文館、一九九八年）。


【第3部】


サザーン、R・W『西欧中世の社会と教会―教会史から中世を読む』（上條敏子訳、八坂書房、二〇〇七年）。

佐々木毅『宗教と権力の政治　「哲学と政治」講義2』（講談社学術文庫、二〇一二年）。

将基面貴巳『ヨーロッパ政治思想の誕生』（名古屋大学出版会、二〇一三年）。

上智大学中世思想研究所編『中世の社会思想』（創文社、一九九六年）。

鷲見誠一『ヨーロッパ文化の原型―政治思想の視点より』（南窓社、一九九六年）。

出村彰『中世キリスト教の歴史』（日本キリスト教団出版局、二〇〇五年）。

パコー、マルセル『テオクラシー―中世の教会と権力』（坂口昂吉・鷲見誠一訳、創文社、一九八五年）。

バラクロウ、G『中世教皇史』（藤崎衛訳、八坂書房、二〇一二年）。

モラル、ジョン・B『中世の政治思想』（柴田平三郎訳、平凡社ライブラリー、二〇〇二年）。

第5章
五十嵐修『地上の夢キリスト教帝国―カール大帝の〈ヨーロッパ〉』（講談社、二〇〇一年）。
佐藤彰一『カール大帝―ヨーロッパの父』（山川出版社、二〇一三年）。
フォルツ、ロベール『シャルルマーニュの戴冠』（大島誠編訳、白水社、一九八六年）。

第6章
井上雅夫『西洋中世盛期の皇帝権と法王権―ハインリヒ三世・グレゴリウス七世・ハインリヒ四世をめぐって』（関西学院大学出版会、二〇一二年）。

小田内隆「十一、十二世紀の宗教運動と『霊の自由』」仲手川良雄編著『ヨーロッパ的自由の歴史』（南窓社、一九九二年）。

関口武彦著『教皇改革の研究』（南窓社、二〇一三年）。

野口洋二『グレゴリウス改革の研究』（創文社、一九七八年）。

堀米庸三『正統と異端―ヨーロッパ精神の底流』（中公文庫、二〇一三年）。

第7章
アクィナス、トマス『神学大全　第七冊』（高田三郎・山田晶訳、創文社、一九六五年）。
アクィナス、トマス『君主の統治について―謹んでキプロス王に捧げる』（柴田平三郎訳、岩波文庫、二〇〇九年）。

池上俊一「ライヒェルスベルクのゲルホーとフライジングのオットーの社会思想」上智大学中世思想研究所編『中世の社会思想』（創文社、一九九六年）。

稲垣良典『トマス・アクィナス『神学大全』』（講談社、二〇〇九年）。

柴田平三郎『中世の春―ソールズベリのジョンの思想世界』（慶應義塾大学出版会、二〇〇二年）。

柴田平三郎『トマス・アクィナスの政治思想』（岩波書店、二〇一四年）。

第8章

樺山紘一『パリとアヴィニョン―西洋中世の知と政治』（人文書院、一九九〇年）。

ティアニー、ブライアン『立憲思想―始源と展開　1150-1650』（鷲見誠一訳、慶應通信、一九八六年）。

パドヴァのマルシリウス（稲垣良典訳）「平和の擁護者」上智大学中世思想研究所編訳／監修『中世思想原典集成18　後期スコラ学』（平凡社、一九九八年）。


【第4部】


アッポルド、ケネス・G『宗教改革小史』（徳善義和訳、教文館、二〇一二年）。

マクグラス、アリスター・E『宗教改革の思想』（高柳俊一訳、教文館、二〇〇〇年）。

田上雅徳「ルターとカルヴァン―近代初期における身体性の政治神学」川出良枝編『岩波講座　政治哲学I』（岩波書店、二〇一四年）。

渡辺信夫『プロテスタント教理史』（キリスト新聞社、二〇〇六年）。

第9章

金子晴勇・江口再起編『ルターを学ぶ人のために』（世界思想社、二〇〇八年）。

木部尚志『ルターの政治思想―その生成と構造』（早稲田大学出版局、二〇〇〇年）。

スクリブナー・R・W、C・スコット＝ディクスン『ドイツ宗教改革』（森田安一訳、岩波書店、二〇〇九年）。

徳善義和『マルチン・ルター』（岩波新書、二〇一二年）。

（ルーテル学院大学／日本ルーテル神学校）ルター研究所編『ルター著作選集』（教文館、二〇〇五年）。

第10章

カルヴァン、ジャン（石引正志訳）「ジュネーヴ教会教理問答」大崎節郎編『改革派教会信仰告白集Ⅰ』（二〇一一年、一麦出版社）。

カルヴァン、ジャン『キリスト教綱要　改訳版　第3篇』（渡辺信夫訳、新教出版社、二〇〇八年）。

佐々木毅『近代政治思想の誕生―16世紀における「政治」』（岩波新書、一九八一年）。

田上雅徳『初期カルヴァンの政治思想』（新教出版社、一九九九年）。

田上雅徳「カルヴァンにおける「終末論」と政治」鷲見誠一・千葉眞編著『ヨーロッパにおける政治思想史と精神史の交叉』（慶應義塾大学出版会、二〇〇八年）。

渡辺信夫『カルヴァンの教会論　増補改訂版』（一麦出版社、二〇〇九年）。


【第5部】


青木保憲『アメリカ福音派の歴史　聖書信仰にみるアメリカ人のアイデンティティ』（明石書店、二〇一二年）。

工藤庸子『宗教 vs. 国家―フランス〈政教分離〉と市民の誕生』（講談社現代新書、二〇〇七年）。

ティリッヒ、パウル『近代プロテスタント思想史』（佐藤敏夫訳、新教出版社、一九七六年）。

マクグラス、アリスター・E『プロテスタント思想文化史　16世紀から21世紀まで』（佐柳文男訳、教文館、二〇〇九年）。

森本あんり『アメリカ・キリスト教史―理念によって建てられた国の軌跡』（新教出版社、二〇〇六年）。

第11章
『現代キリスト教思想叢書1　シュライエルマッハー・リッチュル』(深見茂・今井晋・森田雄三郎訳、白水社、一九七四年)。

ヴァルマン、ヨハネス『ドイツ敬虔主義—宗教改革の再生を求めた人々』(梅田與四男訳、日本キリスト教団出版局、二〇一二年)。

シュライアマハー、フリードリヒ『宗教について—宗教を侮蔑する教養人のための講話』(深井智朗訳、春秋社、二〇一三年)。

深井智朗『ヴァイマールの聖なる政治的精神—ドイツ・ナショナリズムとプロテスタンティズム』(岩波書店、二〇一二年)。

第12章
「ドイツ福音主義教会の現代の状況に対する神学的宣言(バルメン神学宣言)」(雨宮栄一訳)大崎節郎編『改革派教会信仰告白集　Ⅵ』(一麦出版社、二〇一二年)。

芦名定道・小原克博『キリスト教と現代—終末思想の歴史的展開』(世界思想社、二〇〇一年)。

近藤勝彦「歴史の再発見—パネンベルクとモルトマンの神学」佐久間勤編『想起そして連帯—終末と歴史の神学』(サンパウロ、二〇〇二年)。

佐藤優「解説」フリードリヒ゠ゴーガルテン『我は三一の神を信ず—信仰と歴史に関する一つの研究』(坂田徳男訳、復刻版、新教出版社、二〇一〇年)。

バルト、カール『バルト・セレクション4　教会と国家Ⅰ』(天野有編訳、新教出版社、二〇一一年)。

バルト、カール『ローマ書講解　下』(小川圭治・岩波哲男訳、平凡社ライブラリー、二〇〇一年)。

モルトマン、ユルゲン『わが足を広きところに―モルトマン自伝』（蓮見幸恵・蓮見和男訳、新教出版社、二〇一二年）。

第13章
大木英夫『ピューリタン―近代化の精神構造』（聖学院大学出版会、二〇〇六年）。

近藤勝彦『デモクラシーの神学思想―自由の伝統とプロテスタンティズム』（教文館、二〇〇〇年）。

斎藤眞『アメリカとは何か』（平凡社ライブラリー、一九九五年）。

塚田理『イングランドの宗教―アングリカニズムの歴史とその特質』（教文館、二〇〇六年）。

第14章
鈴木有郷『ラインホルド・ニーバーとアメリカ』（新教出版社、一九九八年）。

田上雅徳「救済・霊・預言―現代アメリカにおける福音派と政治」萩原能久編『ポスト・ウォー・シティズンシップの思想的基盤』（慶應義塾大学出版会、二〇〇八年）。

ティーリケ、ヘルムート『現代キリスト教入門―福音的信仰の核心』（佐伯晴郎訳、ヨルダン社、一九七二年）。

中山俊宏『アメリカン・イデオロギー―保守主義運動と政治的分断』（勁草書房、二〇一三年）。

ブラウン、チャールズ・C『ニーバーとその時代―ラインホルド・ニーバーの預言的役割とその遺産』（高橋義文訳、聖学院大学出版会、二〇〇四年）。

堀内一史『アメリカと宗教―保守化と政治化のゆくえ』（中公新書、二〇一〇年）。

冷泉彰彦『民主党のアメリカ　共和党のアメリカ』（日本経済新聞出版社、二〇〇八年）。

あとがき

欧米の政治思想を学んでいると、どうしてもキリスト教の影響を意識するようになるらしい。先日も、授業後の廊下で一人の学生に呼び止められ、自分はヨーロッパの政治思想を深く知りたいのでキリスト教を知っておく必要を覚えている、ついては何かいい参考書を教えてくれ、と質問されたばかりである。「キリスト教を理解しなければ欧米の政治（思想）は理解できない」ということが語られる。もちろん、この命題に間違いはない。政治が知識層だけでなく、大衆の動員にもかかわる人間の営みである以上、難解な理論の把握を前提にしなくても、人びとの信念に訴えることのできる宗教は、政治の場で大きな力をこれまで発揮してきた。その意味では、欧米で影響力をもった宗教を理解することは、かの地での政治現象を理解するための近道だといえるかもしれない。

そこで、たとえばキリスト教史を学び始めるわけだが、多くの人は遅かれ早かれ気付くはずである。欧米の政治思想は、時の宗教思想を必ずしも反映しているわけではない。「隣人愛を説くキリスト教がどうして戦争に関与するのか」とは、素朴であるけれども、昔から神学者たちの頭を悩ませてきた問いである。むしろ、欧米では、現実の政治が宗教に作用した例が数多く見いだされる。

私がヨーロッパやアメリカに見い出し、そして興味を覚えてきたのは、本来「来世」や「聖なるもの」といった現世からかけ離れたものに関係しているはずの宗教が、そこでは、法や制度や権力など欧米に独特な「政治的なるもの」の刻印を帯びていることである。「欧米の政治（思想）を理解しなければ、キリスト教は理解できない」という命題も、私たちは忘れてはなるまい。

しかもそれは、政治権力による宗教の利用という単純な話に還元できるものではない。風土を異にするパレスチナで産声を上げたキリスト教が広まっていったのは、究極の政治共同体ともいえるローマ帝国だった。それゆえ、この宗教は最初から、環境そのものになっている「政治的なるもの」に対して反発したり妥協したりしながら、自らの姿を整えていく運命にあったといえる。

と同時に、「政治的なるもの」の方も、欧米ではキリスト教が持つ共同体形成力や問題提起の鋭さを手なずけたり、それに振り回されたりしながら、自らの立場を練り上げてきたことも確かである。タフな宗教に向き合っていたからこそ、ヨーロッパやアメリカの政治概念は、センチメンタルな共同体観に取り込まれることのないタフなものとなりえた、といえようか。

いずれにせよ、二〇〇〇年かけて政治と宗教がいわば「自分探し」をする動態が、私の目に映った欧米の政治思想史である。そして、それを物語ったのが本書ということになる。


学生との対話から話を起こしたが、本書のもとになったのは、慶應義塾大学法学部政治学科に設置されている「政治理論史Ⅲ・Ⅳ」の講義である。三・四年生の履修を想定した授業である。

私はそこで、キリスト教と政治の相克関係の歴史、という視点に立つ講義をこれまで行ってきた。時代こそ、旧約聖書の時代から二一世紀のアメリカまで網羅しているが、結果としてロックやルソーといったビッグネームが一度も登場しない「政治思想史」となっている（一・二年生向けの授業では、ロックにもルソーにもきちんと触れています）。「異端」や「反時代性」を気取る柄ではないので告白しておくと、もう少し「王道」を歩む政治思想史の語り方をすべきかな、と反省しないこともない。

しかし、ここで思い出すのは、私を学問の世界に導いてくれた一冊の研究書である。参考文献リストにも挙げたシェルドン・ウォーリンの『政治とヴィジョン』がそれで、これを私は（当時は、五分冊で『西欧政治思想史』というタイトルだった）学部三年生の時にゼミナールで読んだ。

『政治とヴィジョン』の内容もさることながら、印象的だったのは、訳者の一人である有賀弘先生が記した「あとがき」である。先生はそこで、ウォーリンの仕事の特異性に触れていた。同書では、プラトンやルターそしてホッブズにはそれぞれ一章が割り当てられていても、アリストテレスやロックそしてルソーにはそうではない。政治思想史の教科書としては問題がある。しかし有賀先生はその点を指摘した上で、次のように述べた。「思想史を学ぶということは、自己の問題関心に従って過去の思想と格闘することであり、ここにはそのひとつの好例が示されている」。

自分自身の視点から過去を再構成する、もっと大胆にいえば、歴史を創造することが許されている。にわかに政治思想史という学問分野に魅力を感じた当時の私は、性急にそこまで考えていたのかもしれない。

そしていま、そうした若気の至りから始まった私なりの「格闘」の中間報告を、読者の皆さまに届けようとしている。私としては、これを文字どおりの「たたき台」にして、読者が、新たに歴史を再構成する、いや創造する意欲をかき立ててくれることを、心から願っている。もちろん、テレビやインターネットで報じられたニュースをきっかけに、欧米のキリスト教に関心を抱いた一般の読者にも、本書を手にとっていただきたい。参考になることが、いくつかは記されているかもしれない。

つたない試論ではあるが、それでも、この政治思想史が（ひとまずの）完成を見るまでには、とても長い時間が経過してしまった。

私は、ほぼ完全原稿に近いノートを作って教壇に上がるので、講義録でもある本書は比較的スムーズに書き下ろせると思っていた。だが、年齢相応に学内の仕事も増える中で、まとまった時間を見つけ、冗漫な記述の多い講義ノートに手を加えるのにはずいぶんと難儀した。事実誤認していた点も散見された。怠惰で気弱な性格もあって、作業を断念しようと思ったことは何度かある。

にもかかわらず、ここに至ることができたのは、次の方々のおかげである。

まず、講義に参加してくださった学生の皆さん。特異な授業内容であるにもかかわらず、多くの履修者に私は恵まれた。のみならず、彼ら彼女らは概して優秀で、試験のたびに私は「そうか、自分が伝えたかったことは、このようにまとめることができるのか」と感心する答案に何枚か出会えた。本書執筆の際に、そのような試験答案を参考したところもある。

もう一人は慶應義塾大学出版会の乗《よつのや》みどりさんである。教壇に立って間もない頃の私に乗さんは、「本にしてみませんか」との声をかけてくださった。そして、私の執筆を、それはそれは長い間、ずっと見守ってくださった。

作業は遅遅として進まず、その意味で恩を仇で返し続けてきたわけだから、乗さんにはまず謝罪するのが筋というものであろう。しかし、作業の進み具合をたずねてくるメールに、毎回のように「ごめんなさい」という返事を重ねてきた結果、私はいま、あらかたのお詫びの言葉を使い果たしたことに気付いている（と同時に、申し開きをする言葉が日本語に何と多いことか、ということも学んだ）。ここでは、本当にありがとうございました、と述べるのが精一杯である。

最後に、もう一度学生の話をして、この「あとがき」を終えることにする。約三〇年以上も前の学生、つまり私のことである。

先にも触れたように、ゼミの場でウォーリンを紹介してくださり、そして政治思想史という学問のフィールドに向けて、勉学だけでなく何事にも熱中できない学生だった私を誘《いざな》ってくださったのは、恩師・鷲見誠一先生である。

近現代の政治思想を論じることがいまも昔も学界の主流である中、先生はヨーロッパ中世政治思想研究のパイオニアであり続けられた。ところで、パイオニアとは、新たに道を創り出す生き方を引き受けた人のことである。だとすると、そうしたパイオニアを師と仰げたことは、私にとって幸せだった。政治思想史を創造することの厳しさと歓びを、学部学生の時分から、先生の背中を見ることでずっと教えられてきたのだから。

その意味で、本書を捧げたい人がいるとすれば、それは間違いなく鷲見先生ということになる。学恩を、ほんの少しだけこういう形で返すことを読者の皆さまに許していただければ、とてもありがたい。

二〇一五年二月　東京・三田にて

田上　雅徳

ラ行

リッチュル，アルブレヒト　206–208, 213, 214
両剣論　79, 104, 115–117
ルター，マルティン　154, 155, 157–173, 175–179, 181, 183, 187, 188, 199, 228, 230
霊肉二元論　40, 41
レーガン，ロナルド　260
レオ三世　86
レオ一〇世　228
レジスト　136, 137
ロード，ウィリアム　232
ロバートソン，パット　260

ワ行

ワーグナー，リヒャルト　19

レオポルト・フォン　208
ヒトラー，アドルフ　211, 217, 223, 249, 250
ピピン（カロリング家）　84, 85
百年戦争　134
ピューリタニズム　198, 199, 233, 243
ピューリタン　232, 233, 235, 236, 238, 241
ピューリタン革命　189
ファルウェル，ジェリー　260
ファレル，ギョーム　175
フィオーレのヨアキム　151
フィリップ四世　134, 136–139
フォード，ヘンリー　244
フォックス，ジョージ　246
福音主義　159, 160, 162, 164, 169, 170, 175, 177, 179, 182, 183, 229
福音派　253, 254, 256–258, 262
フス，ヤン　157
ブツァー，マルティン　229
ブッシュ，ジョージ・W　253
フライジングのオットー　114–119
フランソワ一世　174, 177
プロテスタンティズム　160, 178, 180, 190, 193–198, 201, 202, 206, 210, 217, 228–230, 232, 234, 237, 241, 254, 258
ヘーゲル，ゲオルク・ヴイルヘルム・フリードリヒ　202
ベーズ，テオドール・ド　186
ペーターゾン，エーリク　46, 47
ベトナム戦争　250–252, 259
ペトラルカ　138
ペトロ　59
ベネディクトゥス一六世　224
ペン，ウィリアム　238
ヘンリー八世　227–229
ホセア　12
ホッブス，トマス　236
ボニファティウス八世　134, 135, 137, 139
ボンヘッファー，ディートリヒ　218

マ行

マキアヴェリ，ニコロ　130
マニ教　55, 56
マルクス主義　225, 251
（パドゥアの）マルシリウス　144–149
満州事変　248
ミュンツァー，トマス　163
ミラノ勅令　39
ミルトン，ジョン　235
メアリ一世　229
名誉革命　233
メインライン　259
メシア　20–23, 49
モーゲンソー，ハンス　244
モーセ　6, 9, 15, 168, 212
黙示思想　19, 21, 24, 224
モラヴィア兄弟団　198
モラル・マジョリティ　260
モルトマン，ユルゲン　222
モンテーニュ，ミシェル（・エイカン）・ド　186

ヤ行

ユグノー戦争（フランス宗教戦争）　185, 186
ヨハネス二二世　139, 141–143

シュペーナー，P・J　197
シュミット，カール　27, 28, 46, 47, 219, 220
シュライエルマッハー，フリードリヒ　202–206, 214
贖宥状　156, 159
叙任権（闘争）　95, 99, 101, 103, 105, 109
ジョンソン，リンドン　251
進化論　254
信仰義認説　160, 161, 168
ストア派　38
聖化　178–180
聖餐　38
聖書主義　160
正統主義　195
聖フランチェスコ　143
絶対依存の感情　205
セネカ　174
セビーリャのイシドルス　59
セルヴェ，ミシェル　175
ゼレ，ドロテー　222
前千年王国説　255, 256
洗礼者ヨハネ　24
ソールズベリーのジョン　113, 114
ソロモン　11

タ行

対抗宗教改革（反宗教改革）　176
第二ヴァチカン公会議　194
ダビデ　11, 12
ダマスコのヨアンネス　45
チャールズ一世　232
チャールズ二世　233
長老会　183
ツィンツェンドルフ伯爵　197, 198
ツヴィングリ，フルドリヒ　177
帝権移転論　118
ティーリケ，ヘルムート　254
ティリッヒ，パウル　201
テオクラシー（神権政治）　57, 117, 136
テオドシウス帝　44
ドイツ教会闘争　218
ドイツ・キリスト者（運動）　217
ドイツ農民戦争　163
ドストエフスキー，フョードル　215
ドナトゥス主義　58, 59, 62
トリエント公会議　176

ナ行

ニーチェ，フリードリヒ　18
ニーバー，ラインホルド　243–253, 259, 260
ニーバー，リチャード　248
ニケーア公会議　42–45

ハ行

バーク，エドマンド　251
バイエルン公ルートヴィヒ　141, 142, 144, 145
ハインリヒ五世　101
ハインリヒ四世　99–101, 140
（使徒）パウロ　28–33, 60, 163, 171
パネンベルク，ヴォルフハルト　222
バルト，カール　209–222, 225
バルメン宣言　216, 218
バレイシア　26
万人祭司説　171, 232
ビスマルク，オットー・エドゥアルト・

187, 188, 235
ギョーム・ド・ノガレ　137
教皇のバビロン（アヴィニョン）捕囚
138, 139, 156
教皇派（ゲルフ）　139
『キリスト教綱要』　175–177, 182
キリスト教連合　260
『キリスト者の自由』　163
金印勅書　142, 156
クェーカー　238, 247
クリスチャン・リアリズム　244, 246,
247, 250
グレゴリウス改革　95, 99, 103, 105–108,
112, 117, 119, 136
グレゴリウス七世　93, 95–101, 104, 106–
109, 140
クレメンス五世　137
クレメンス七世　228
クレルヴォーのベルナルドゥス　115
クローヴィス（メロヴィング家）　83, 84
クロノス　25
クロムウェル，オリバー　233, 235
敬虔主義　193, 197–203, 235
啓示　4, 5, 8, 9, 15, 16
啓蒙主義　200–202
契約　3, 16, 235
決断　216
ケナン，ジョージ　244
ゲラシウス理論　77, 79–81, 83
皇帝派（ギベリン）　139
ゴーガルテン，フリードリヒ　220
公民権運動　257
国王至上法　227
国際連盟　247
告白教会　218
コルプス・クリスティアーヌム　86–88,
121, 130, 161
コンスタンティヌス帝　39, 42, 43, 47–50,
57, 61
コンスタンティノープル公会議　44

サ行

再洗礼派　177
サクラメント（礼典）　38, 58, 76, 98, 116,
163
三十年戦争　197
（フランス）三部会　140, 189
三位一体　42–46, 257
シトー会　114
自発的結社　234, 237, 239, 242
シモンズ，メノー　246
十戒　15, 168
シャルトル学派　102
私有教会制度　89
宗教右派　253, 261
宗教改革　152, 154, 157, 160, 161, 169–
172, 175, 176, 181, 187, 188, 193, 210,
228, 229, 235
宗教左派　261
十字軍　76, 115, 134
一二世紀ルネサンス　112, 113, 120
終末意識　2, 17–22, 24–26, 32, 33, 37, 50,
118, 152, 153, 187–189, 221, 224, 234,
254–256
宗務局　171
出エジプト　6, 10, 15
「ジュネーヴ教会規則」　183
「ジュネーヴ教会信仰問答」　180

索　引

ア行

アウグスティヌス，アウレリウス　53, 55-60, 62-72, 80, 81, 115, 117, 118, 120, 123, 124, 126, 131, 166, 251
アウグスブルクの宗教和議　195, 196
アクィナス，トマス　121-131, 145, 146, 151, 187
アタナシオス（派）　43
アナーニ（事件）　137, 156
アリストテレス　7, 72, 120, 124, 125, 128, 131, 133, 144-146, 196
アレイオス（派）　39, 43
アレクサンドリア学派　40-42
アンブロシウス　56, 57
イヴォ（司教）　102
イエス・キリスト　23-30, 42, 43, 48, 51, 59, 61, 62, 65, 68, 73, 77, 80, 81, 97, 181, 204, 207, 208, 218, 220, 221, 248, 255
イラク戦争　240
インノケンティウス六世　142
ヴァロワ王朝　185
ウィクリフ，ジョン　157
ウィルソン，ウッドロー　247
ウェストファリア条約　195
ウェスレー，ジョン　233
ウォリス，ジム　261
ヴォルムス協約　101, 102
「ウナム・サンクタム」 134, 135
英国国教会　185, 228-232, 234, 235
エウセビオス　37, 40, 41,43-45, 47-52, 61, 87
エドワード六世　229
エラスムス　174
エリザベス一世　229
オクタヴィアヌス　48
オッカムのウィリアム　143, 144
オットー一世　88
オドアケル　77
オバマ，バラク・H　252
オリゲネス　41

カ行

カーター，ジミー　252
カール（シャルルマーニュ）大帝（カロリング家）　83, 85-89
カール四世　142
解放の神学　224, 225
カイロス　25
カステリオン，セバスチャン　175
カノッサの屈辱　100, 106, 136
カリクストゥス二世　101
カルヴァン　154, 173-189
カント，イマヌエル　200, 206, 207
キケロ　66, 67
義認　178-180, 182
九・一一同時多発テロ　240
共通善　126
共同性　2-5, 9, 16, 17, 21-23, 37, 150, 151,

田上 雅徳（たのうえ まさなる）
慶應義塾大学法学部教授。1963年生まれ。慶應義塾大学大学院法学研究科博士課程単位取得退学。専門分野：西欧政治思想史。
著書：『初期カルヴァンの政治思想』（新教出版社、1999年）、『ヨーロッパにおける政治思想史と精神史の交叉』（共著、慶應義塾大学出版会、2008年）、『紛争と和解の政治学』（共著、ナカニシヤ出版、2013年）、『岩波講座政治哲学1　主権と自由』（共著、岩波書店、2014年）、ほか。

入門講義 キリスト教と政治

2015年3月14日　初版第1刷発行

著　者――――田上雅徳
発行者――――坂上　弘
発行所――――慶應義塾大学出版会株式会社
〒108-8346　東京都港区三田2-19-30
TEL〔編集部〕03-3451-0931
〔営業部〕03-3451-3584〈ご注文〉
〔　〃　〕03-3451-6926
FAX〔営業部〕03-3451-3122
振替　00190-8-155497
http://www.keio-up.co.jp/
装　丁――――鈴木　衛（写真提供・ユニフォトプレス）
印刷・製本――株式会社加藤文明社
カバー印刷――株式会社太平印刷社

Printed in Japan　ISBN 978-4-7664-2183-5